Marco Cornélio Frontão
— Primeiro Tratado
da *Retórica especulativa*

Pascal Quignard

Marco Cornélio Frontão — Primeiro Tratado da *Retórica especulativa*

Tradução:
Paulo Neves

 hedra

coleção bienal

© Calmann-Lévy, 1995
Título original: Rhétorique spéculative
© Desta edição, 2012, Fundação Bienal de São Paulo / Hedra

Dados Internacionais de Catalogação na Publicação (CIP)

Quignard, Pascal
Marco Cornélio Frontão: Primeiro Tratado da *Retórica especulativa* — Pascal Quignard; tradução Paulo Neves. — São Paulo: Hedra, 2012. — (Coleção Bienal) 78 p.

Título original: Rhétorique spéculative.

ISBN 978-85-7715-294-0

1. Ensaios franceses — Século 20 I. Título. II. Série.

12-11015 CDD 844.914

Índices para catálogo sistemático:
1. Ensaios franceses 844.914

Foi feito o depósito legal.

Direitos reservados em língua portuguesa somente para o Brasil.

Editora Hedra
R. Fradique Coutinho · 1139 (subsolo)
05416-011 · São Paulo · SP · Brasil
+55 11 3097 8304
editora@hedra.com.br · www.hedra.com.br

Fundação Bienal de São Paulo
Av. Pedro Álvares Cabral, s/n.
Parque Ibirapuera · portão 3
04094-000 · São Paulo · SP · Brasil
+55 11 5576 7600
www.bienal.org.br

Sumário

7 Apresentação

15 **Marco Cornélio Frontão — Primeiro Tratado da** *Retórica especulativa*

Apresentação
Luis Pérez-Oramas

Com a intenção de compartilhar algumas das leituras e referências teóricas que embasaram o pensamento curatorial da 30ª Bienal de São Paulo – *A iminência das poéticas*, compilamos esta coleção de livros de pequeno formato que reúne textos fundamentais para a curadoria e até agora inéditos em língua portuguesa.

A coleção complementa o catálogo da exposição e é constituída pelos seguintes títulos: *Amores e outras imagens*, de Filóstrato, o Velho; *Os vínculos*, de Giordano Bruno; o primeiro tratado dedicado a Frontão, que abre a *Réthorique spéculative*, de Pascal Quignard; *Ninfas*, de Giorgio Agamben; *A arte de birlibirloque* e *A decadência do analfabetismo*, de José Bergamín.

Para a curadoria, falar (as) imagens foi um *leitmotiv* sobre o qual elaboramos nosso projeto educativo – chamando-o, inclusive, entre nós, de "projeto Filóstrato". A publicação do livro do autor da segunda sofística, com suas 65 imagens descritas, impunha-se a nós por si mesma. Rosangela Amato aceitou generosamente traduzir do original em grego uma seleção desses quadros, sobre os quais filólogos e pensadores ainda discutem se existiram ou se foram simplesmente o pretexto

ideal para a invenção de um novo gênero literário.
Em todo caso, é uma certeza factual que as imagens
são mudas, que aqueles que se dedicam a produzi-
-las fazem — como proclamava Poussin — ofício de
coisas mudas. Mas o fato de que elas não cessam
de produzir glosas e palavras, textos e polêmicas,
de que também sejam objeto de um incessante mister
de descrições, no qual chegam a ser o que estão
destinadas a ser para nós, confirma a complexa
relação entre o verbo e a imagem.

Essa relação, essa equação nunca estável,
esse eco de Narciso que não ouve a reverberante
palavra da ninfa Eco regula todo o sistema do
figurável em nossa cultura. Ela mesma, a possibilidade de um nicho na imagem para o verbo ou de um
lugar na palavra para a imagem, é uma potência de
vínculo: e são os vínculos a matéria constituinte
da 30ª Bienal.

Os vínculos, na medida em que oferecem uma
possibilidade para a analogia — que não se refere
somente à semelhança, mas sobretudo à diferen-
ciação —, estiveram no coração de nossas motiva-
ções na medida em que nos propusemos a realizar
uma "bienal constelar". A relativa flexibilidade
desses vínculos, a possibilidade de um exercício analógico sem fim é uma das convicções de *A
iminência das poéticas*. Poder-se-ia dizer que a
iminência das poéticas não é outra coisa senão
esse exercício, esse devir analógico das coisas,
dos figuráveis e do dizível. "Nenhum vínculo é
eterno", diz Giordano Bruno em seu tratado, "mas
há vicissitudes de reclusão e liberdade, de vínculo e de liberação do vínculo, ou mais ainda, da
passagem de uma espécie de vínculo a outra".

Como não perceber em nosso exercício curatorial, então, quando propomos esse retorno ao
pensamento analógico, que a figura de Aby Warburg,

cuja obra final, o *Atlas Mnemosyne*, constitui uma das mais brilhantes manifestações modernas? A evocação da Ninfa de Warburg na brilhante reflexão de Agamben se justifica como um frontispício teórico de nossa Bienal.

A curadoria da 30ª Bienal estrutura-se sobre algumas convicções lógicas para adentrar o terreno nada lógico das artes: uma delas é que, como Ferdinand Saussure demonstrou para a linguagem, as obras de arte somente significam na medida em que marcam uma diferença e uma distância com relação a outras obras de arte. É no registro da possibilidade permanente de assemelhar-se e diferenciar-se que as obras de arte nos atingem, se fazem em nós e significam conosco e ali encarnam como sobrevivência e alterforma de outras formas.

Dessa certeza estrutural procede, talvez, hoje — quando os artistas retomam a equivalência humanística do *Ut pictura poesis* [assim como a pintura, a poesia] por meio de práticas conceituais centradas na primazia da linguagem —, a crescente presença de obras que se manifestam como arquivo e atlas. A segunda certeza da curadoria é que as obras de arte, e a própria curadoria, são atos de enunciação, apropriações de linguagem que encarnam em um aqui e agora e em um corpo: que são corpos, inclusive, quando apostam no mito de sua desmaterialização.

Nesse sentido, elas são, como a curadoria, o equivalente a uma voz. Para além de seu destino escritural — Pascal Quignard recorda-nos dois momentos traumáticos na questão da voz: o da "mudança vocal", quando a infância perde sua voz aguda e ganha gravidade terrena; e o da escritura, quando o barulho surdo do estilete sobre o papel anula, em seu corte silencioso, a vida da voz: quando escrevo, calo.

Desses problemas, deduz-se a importância dos textos de Quignard e Bergamín. Textos radicais e talvez estranhos para a sensibilidade contemporânea, habituada às simplificações de um meio atormentado por transações políticas e mercadológicas. A curadoria compartilha a certeza de Bergamín de que a cultura morre quando é totalmente submetida à imposição da letra inerte, quando se desvanece em nós a voz analfabeta que jaz desde a mais incerta origem. Também proclama, mesmo em suas cifras menos legíveis, a necessidade de uma inteligência do *birlibirloque* — curadoria como pensamento selvagem, como inteligência da bricolagem, para evocar Lévi-Strauss —, que se realiza no instante da ocasião e ante a concreção das coisas que resistem com seu impulso de morte, como o touro quando investe contra a metáfora vermelha do toureiro. Finalmente, se falar (as) imagens é um exercício sempre inconcluso, a razão talvez esteja na densidade natural do mundo e na resistência antifilosófica da voz: Frontão envia uma carta a Marco Aurélio na véspera de seu primeiro discurso diante do senado de Roma, no belo texto de Quignard. Não confunda nunca — repreende-o — a linguagem com seu voo.

Se quisemos algo em *A iminência das poéticas*, foi tentar seguir ao pé da letra o programa contido em um fragmento de Frontão: não nos identificarmos com a linguagem em flor (os sistemas), nem com a linguagem silvestre (vernácula), mas com a linguagem *in germine* (germinativa), com a linguagem enquanto está vindo, enquanto é, ainda, iminente.

Os textos mais antigos, de Filóstrato e Giordano Bruno, poderiam então funcionar como a referência histórica e teórica da coleção: textos de enorme influência e grande reputação intelec-

tual, hoje confinados ao esquecimento do grande
público leitor. Esses dois livros são testemunho
de um mistério: assim como os mitos, cuja origem
é impossível discernir na variedade de suas con-
figurações, não deixam de produzir efeitos reais,
igualmente, a cultura ocidental da imagem, e sua
relação com a voz e com o pensamento, continua sob
a influência desses dois textos capitais.

Pode-se dizer que Filóstrato, o Velho, inau-
gura com seus *Eikones* [Imagens] uma das formas
poéticas mais frequentadas de nossa cultura: a da
descrição verbal de imagens puramente figurativas.
Essa forma, conhecida como écfrase, deu lugar em
nossa cultura a uma possibilidade de materializa-
ção e transmissão para a equação insolúvel entre o
visível e o legível, entre o visual e o verbal,
em meio à qual não podemos deixar de viver. O
que o livro de Filóstrato gerou, e ainda sugere,
além de uma incomensurável quantidade de cenas
de representação, desde os pintores e gravadores
da Antiguidade até Musorgsky e Sokurov, é a im-
possibilidade de distinguir qualquer antecedência
entre imagens e palavras. Toda palavra tem por
iminência uma imagem, à qual serve como fundação;
toda imagem tem por iminência uma palavra, que lhe
serve como ressonância.

Quanto a Giordano Bruno, filósofo esquecido
mas não menos fundamental, foi Robert Klein que,
no século passado, e entre os que renovaram o
destino da história da arte como disciplina in-
telectual, mais claramente expôs o papel-chave de
Os vínculos no espaço da cultura visual moderna:
"O humanismo havia posto o problema das relações
entre a ideia e a forma que a expressa na retórica, na lógica, na poesia, nas artes visuais;
havia se esforçado em unir o quê e o como, em encontrar para a beleza da forma uma justificativa

mais profunda que a necessidade de aparência".
Mas, por mais que tenha avançado, nunca negou
que, em todos esses campos, "o que se diz" deve
existir anteriormente à expressão. Daí que, de um
ponto de vista muito simplificado, o humanismo se
conclui nas ciências quando o método de pesquisa
se torna fecundo por si mesmo, e na arte quando
a execução, a *maniera*, se transforma em um valor
autônomo. Quando, em 1600, a consciência artística havia chegado a esse ponto, não encontrava
nenhuma teoria da arte que pudesse dar conta dela.
Não restava mais que a antiga magia natural, ou
seja, uma estética geral que ignorava a si mesma e
que Giordano Bruno se precipitou em desenvolver no
magnífico esboço que intitulou *Os vínculos*.

Bem iniciada esta segunda década do século
XXI, ainda vivemos sob a égide estética dessa
cultura da fascinação: não parece afirmar outra
coisa nossa civilização numérica de relacionamento
digital, com a ilusão de comunidade que se esconde
por trás das "redes sociais" e que não faz mais
do que gerar uma modalidade de exibicionismo tão
furtivo quanto persistente. Dessa forma, pareceria que nossa relação de fascinação com o mundo é
cada vez mais dependente de uma mediação escritural, codificada, metaletrada. Os ensaios de José
Bergamín, já clássicos, dedicados a reivindicar
a viva voz contra a letra morta, denunciando a
decadência do analfabetismo e defendendo a necessidade de uma cultura da voz, assim como seu tratado sobre a tauromaquia, arte de *birlibirloque*,
representam um manifesto a favor da sobrevivência
da natureza, contra o esquecimento da infância e
da experiência. Meditações gerais dissimuladas
em seu circunstancial objeto textual, ambos os
ensaios, além de serem peças supremas da litera-

tura espanhola moderna, são de uma surpreendente
atualidade e pertinência.

Do grande filósofo Giorgio Agamben, autor de
Infância e história, ensaio que aborda o moderno
esquecimento da experiência, apresentamos um dos
ensaios mais recentes intitulado *Ninfas*. Central
no pensamento da 30ª Bienal, a figura de Aby Warburg e seu *Atlas Mnemosyne* também o é nesse ensaio
de Agamben, que parte da visão da prancha 46 da
referida obra, ineludível para o pensamento atual
da arte. A Ninfa clássica, pretexto e objeto, em
Warburg, de uma obsessiva reflexão sobre a imagem
e a fórmula do *páthos*, é aqui objeto de análise
e pensamento como figura tutelar da "vida após a
vida" [*nachleben*] das imagens: encarnação emblemática da sobrevivência e alterforma que dá lugar
à continuidade do visível em nossa cultura.

Finalmente, o primeiro tratado da *Réthorique
spéculative*, de Pascal Quignard — dedicado a Marco
Cornélio Frontão, retórico esquecido entre as ruínas e os fragmentos da Roma clássica, tutor do
imperador Marco Aurélio —, transforma-se no pretexto de um dos ensaios mais belos e brilhantes da
literatura francesa contemporânea: unem-se nessa
escrita fulminante e suave, rebuscada e precisa,
as reflexões centrais da 30ª Bienal: a primazia
da voz sobre a letra, o impulso antifilosófico da
imagem, a novidade do arcaico que jaz no fundo de
nosso alento, a entonação e a afasia, a fascinação
e a metamorfose, a nudez da linguagem e a cena
invisível da origem.

Tradução: *Gênese de Andrade*

Marco Cornélio Frontão – Primeiro Tratado da *Retórica especulativa*

Chamo de retórica especulativa a tradição letrada
que percorre toda a história ocidental desde a
invenção da filosofia. Dato seu advento teórico,
em Roma, no ano 139. Seu teórico foi Frontão.[1]

Frontão escreve a Marco Aurélio: "Verifica-
-se que o filósofo pode ser impostor e que o
amante das letras não pode sê-lo. O literário
está em cada palavra. Por outro lado, sua investigação própria é mais profunda por causa da
imagem". A arte das imagens — que o imperador
Marco Aurélio chama, em grego, de ícones, enquanto
seu mestre Frontão nomeia geralmente, em latim,
de imagens ou, algumas vezes, em grego filosófico,
de metáforas — consegue ao mesmo tempo desassociar
a convenção em cada língua e permite reassociar
a linguagem ao fundo da natureza. Frontão afirma
que a arte das imagens é, na linguagem, comparável ao sono pelo papel que este desempenha na
atividade diurna. Marco Aurélio escreve que o
mundo no tempo é uma torrente engrossada por uma
tempestade que arrasta tudo e a si mesma. A chuva
dos seres não se interrompe. Tudo se despeja na
noite. Alguns fantasmas formam ligaduras, enla-

---

1   Marco Cornélio Frontão (100-170), gramático, retórico e
     advogado romano. [N.T.]

çando simulacros, *schèmata*, que reagem entre si.
Os corpos da natureza são eles próprios *schèmata*,
imagens. Em grego, colher, reunir, ligar se diz
legein. A ligação é o *logos*, a linguagem. Em
grego, a ligadura mágica é *katadesis*; em latim,
defixio. A análise (*analysis*) é desligar. *Religio*
recolhe a ligadura mágica, os feixes, tudo o que
liga por excelência: genealogia familiar, laços
de parentesco, sociedade. Poesia são palavras
ligadas entre si. *Oratio* é a língua literária.
Frontão afirma que os argumentos articulados pelos
filósofos são apenas estalos da língua, porque
demonstram sem imagens: "Se é dia, então há luz".
O retórico nunca demonstra: ele mostra, e o que
ele mostra é a janela aberta. Ele sabe que a linguagem abre a janela, porque a *oratio* dá a cada
época sua luz assim como a noite dá o dia.

* * *

A escolha das palavras consiste em *optio*
e *electio*. O escritor é quem escolhe sua linguagem e não pode ser dominado por ela. Ele é o
contrário da criança. Não mendiga aquilo que o
domina: trabalha naquilo que o liberta. Sua boca
não é mais um simples sentimento: é um culto.
Ele se aproxima dos deuses que falam. Minerva
(*orationis magistra*), Mercúrio (*nuntiis praeditus*), Apolo (*auctor*), Liber (*cognitor*) e os faunos
(*vaticinantium incitatores*) são os senhores das
palavras.

"*Si studium philosophiae in rebus esset
solis occupatum, minus mirarer quod tanto opere
verba contemneres*", escreve Frontão a Marco Aurélio. (Se o estudo da filosofia só devesse se
ocupar das coisas, eu me surpreenderia menos de
te ver desprezar tanto as palavras.) Mas os filósofos falam e em sua busca esquecem a fonte de
sua oração, deixam à beira do caminho sua matéria,

obscurecem e obstruem o impulso murmurante que
sustenta sua tardia especialização. A filosofia
se ocupa apenas dos entes e sua inquisição não
leva em conta, ao se desdobrar, ao dividi-la,
da retórica fundamental da qual ela é somente um
ramo. As imagens não cessam de surgir no seio das
litterae, enquanto o *sermo* dos filósofos procura
afastá-las. "É como se, ao nadar (*in natando*),
tomasses por modelo a rã em vez do golfinho (*ranam
potius quam delphinus aemulari*). A filosofia não
é mais que uma ferrugem (*robignoso*) sobre a espada (*gladio*). É como se eu não fosse Frontão,
mas Sêneca — não se cansa de repetir o mestre de
retórica imperial —, e como se tu não fosses Marco
Aurélio, mas Cláudio Nero. É como se preferisses
à majestade da águia (*aquila*) as penas curtas da
codorniz (*cotornicum pinnis breviculis*). Não prefiras a trégua ao combate. Lute com a linguagem,
cuja lâmina deves desenferrujar dia após dia para
fazê-la resplandecer."

* * *

A tradição de um pensamento para o qual toda
a linguagem — o todo da linguagem — é o instrumento perfurador, ao mesmo tempo *stilus* e *pinna*
(isto é, tanto o *stilus*-espada quanto a *pinna*-
-flecha do arco), é anterior à metafísica. Não me
proponho de maneira alguma a estudar as suntuosas
e antigas obras sânscritas, mesopotâmias, chinesas, egípcias, bíblicas e pré-socráticas que
precederam a filosofia. Da tradição ocidental que
busco exumar, consciente de sua rebelião diante da
invenção da filosofia, não apenas antimetafísica
mas decididamente antifilosófica, Frontão não é
certamente o iniciador. Cornélio Frontão é o primeiro a confessar, em duas ocasiões, ter herdado
seu pensamento de Athenodoto, que por sua vez dizia tê-lo herdado de Musônio Rufo. Mas as páginas

de Frontão que acabo de citar são a primeira declaração de guerra que conheço, manifestando com clareza a existência de uma oposição irreconciliável com a tradição filosófica. Esta oposição administra a prova da realidade e da obstinação de uma corrente mais antiga, autônoma, irredutível, oferecendo uma verdadeira alternativa à classe letrada diante da brutal expansão, que invade todas as grandes cidades mediterrâneas, da formalização e da hierarquização obsessiva, racional e temível da metafísica dos gregos. Não temos necessidade de nos dirigir ao Oriente, ao taoísmo chinês, ao zen-budismo para pensar com mais profundidade ou para nos desfazer das aporias da metafísica dos gregos, posteriormente da teologia dos cristãos, por fim do niilismo dos modernos: uma tradição constante, esquecida, marginal porque intrépida, perseguida porque recalcitrante, nos conduz em nossa própria tradição, vinda do fundo das idades, precedendo a metafísica, recusando-a assim que ela se constitui.

* * *

Penso na minha fome: não há apetite que se sacie e diminua ao longo do dia o desejo de devorar cada vez mais. Li demais para não ser insaciável. Li demais para não esperar que o pensamento vá mais longe que a convenção de cada época e o desdém de tudo. Tampouco julguei que ele se limitasse ao simples espelhamento narcísico das palavras na linguagem. A linguagem não é apática, impessoal, nem instrumental, nem a--histórica, nem divina. Penso o seguinte: a fome do pensamento não está saciada. Penso que o ódio ao pensamento — depois dos maremotos ideológico, humanitário, religioso que buscam velar e vestir o horror gritante deste tempo — provoca fome às

ideias. Sinto, enfim, o brotar de uma curiosidade
redirecionada a algo que lhe é desconhecido.

* * *

Em 7 de março do ano 161, o imperador Antonino, o piedoso, morreu em sua casa de campo,
a doze milhas de Roma, em Lorium. Morreu em três
dias. Logo em seguida o Tibre transbordou. Sob a
força da água, as margens, os pontões, as casas
do bairro Velabro e do Grande Circo desmoronaram.
Interrompida a vinda das embarcações de trigo pelo
rio, uma terrível fome se seguiu. Marco Aurélio
sucedeu então a Antonino, o piedoso, adotando o
nome de Marco Aurélio Antonino.

Marco Aurélio nascera em 26 de abril de 121,
em Roma, junto ao Caelius, uma das sete colinas da
cidade. Em 145, desposara Annia Galeria Faustina,
de treze anos de idade, com a qual teve treze filhos. Ele morrerá deixando de se alimentar, em
17 de março de 180. Cobriu a cabeça para que não
vissem mais seu rosto. Seu filho Cômodo o sucedeu.

Marco Cornélio Frontão nasceu em 104,
em Cirta, na África. Em 136, sob o império de
Adriano, foi advogado em Roma. Em 143, sob o império de Antonino, tornou-se cônsul. Morreu em
consequência da gota, no final dos anos 160. Foi
por volta da mesma época que Marco Aurélio começou
a escrever seus *Excerpta.* Abandonava a esposa e o
choro dos filhos. Trabalhava em seu leito.

* * *

O imperador Marco Aurélio escreveu que as
fendas que se formam no pão e que não foram de-
sejadas pelo padeiro atraem sem razão o olhar e
excitam mais o apetite do que o restante do pão.
Tais fendas, diz ele, são "como as bocas abertas
das feras" (*chasmata thèriôn*). É pelo menos uma

imagem. Toda a obra deixada por Marco Aurélio
não é senão uma compilação de imagens e deve ser
relida a essa luz. Compilação de imagens para se
associar ao fundo do mundo, isto é, ao impulso
da *physis* que o domina. Lista de imagens vitais,
especulativas, associativas, ou seja, o contrário
de um canhestro vade-mécum de filosofia estoica,
como se pretendeu lê-lo desde que essas páginas
desordenadas e escritas em grego foram redescober-
tas por Toxita, no século XVI.

* * *

A expressão corrente "é um literato" não é
um insulto. Ela é dotada de sentido. Remete a uma
tradição na qual a letra da linguagem é tomada
literalmente. É a violência da *litteratura*, que
não é senão a violência da linguagem indedutível.
Para essa tradição de letrados perseguidos e mar-
ginais, a *littera* é o órgão próprio ao ente homem,
no interior do ente mundo, diferente da particu-
laridade e da psicologia destes entes resultantes
apenas da divisão das *litterae* que reinam sobre
eles e os distinguem. O consumidor, o açougueiro,
o legislador, o naturalista, o filósofo, o teólogo
trabalham apenas sobre a linguagem sacrificada,
sobre a linguagem pós-mítica, sobre o *logos* pré-
-recortado. Não fazem senão ordenar efeitos da
linguagem no medo.

* * *

A linguagem é por si mesma a investigação.
Na tradição filosófica, a linguagem não passa de
um vestígio do qual é possível desprender-se, ou
que é possível corrigir, como o *sôma-sèma*, como
o corpo animal transformado em túmulo e signo,
como as técnicas, como as artes. A linguagem é
a sociedade do homem (tatibitate, enfeite, família, genealogia, cidade, leis, tagarelice, cantos,

aprendizagem, economia, teologia, história, amor, romance), e não se sabe de ninguém que tenha se libertado dela. Imediatamente o *logos* passou a ser despercebido pela *philosophia* no seu desdobramento, da mesma maneira que as asas do pássaro ignoram o ar, que os peixes ignoram a água do rio, a não ser na morte acima da superfície d'água quando então sufocam, uma vez transportados pelo anzol à doçura e à transparência atmosféricas onde cessam de se mover e se iluminam.

O *vestigium*, a pegada, é o sentido; é a marca; é a fé que o falante confere à significação na urgência do seu uso. Ora, não é de modo algum o vestígio, é o corpo que investiga na linguagem. O corpo é *psophos*, ruído, som inarticulado. Os gregos antigos distinguiam o canto (*aoidè*), a voz humana (*audè*), a linguagem tanto animal quanto humana (*phônè*) e o som (*phthoggos*). Aristóteles distinguia o som (*psophos*) e a voz (*phônè*). Escreveu em *Peri Psychè* [Sobre a alma]: "*Sèmantikos gar dè tis psophos estin hè phônè…* Pois a voz é um som carregado de significação. Ela não é uma tosse. A voz humana é um sopro (*psychè*) sem o qual a vida é possível".[2] Aristóteles explica mais minuciosamente, na *Poética*, que a *phônè* é um *psophos* no qual é transportada (*metapherein*) a carga de um signo (*sèma*). Assim, quando uma lesão atinge o cérebro, os sons, embora percebidos, não se organizam mais em palavras, a linguagem está perdida. Todo *logos* é metáfora, transporte, *páthos.* Todo *logos* consiste numa sobreposição de três *metaphora* distintas: a que transporta o significado (*sèma*) sobre o significante (*psophos*); a que faz que os sons (*psophos*) emitidos pela voz

---

2 No sentido de uma suplência à respiração que mantém a vida. [N.T.]

humana (*phônè*) se transportem como símbolos (*symbola*) sobre as paixões da alma (*páthos*); enfim a que transporta a uma coisa uma palavra que designa outra coisa. Tal é a violência própria ao *logos*: a violência descontextualizante da linguagem. A linguagem é a feiticeira do pensamento, repetem os sofistas da Grécia. Ela é o *vates*, é o oráculo da espécie, retomam os oradores de Roma. Pela *metaphora* (o transporte), o ser se arranca de si mesmo e se transporta ao ente sem nunca fazer nele sua morada. A linguagem nunca pode dizer diretamente. Sem poder conhecer um instante de pausa, ela se transporta, se arranca, jorra, passa. Transmitimos palavras para as quais o rosto é impossível: a revelação não se demora na linguagem, que manifesta ao se transportar, ao se deslocar, ao desaparecer sob vestígios, ao sumir constantemente entre as pedras arrancadas de sua ruína, descontextualizando toda unidade. Marco Aurélio cita várias vezes Heráclito. O fragmento XV de Heráclito de Éfeso diz: "A natureza (*physis*) gosta de se esconder (*kryptesthai*)". O fragmento XVI diz: "Por natureza (*physin*) o homem é desprovido de linguagem (*alogos*)". O fragmento XCIII diz: "O *logos* do transe não diz (*legei*) nem oculta (*kryptei*), mas faz sinal (*sèmainei*)".

O fragmento XVIII de Heráclito diz: "Ao que jamais se deita (*to mè dynon*) como ele poderia escapar?".

* * *

Na Roma antiga, a técnica da imagem está ligada à pintura de afrescos, assim como a pintura de afrescos está ligada ao culto dos mortos. Chamavam-se *imago* as cabeças dos mortos colocadas num oratório no átrio, sob a forma de impressões de argila ou de cera. As técnicas da imagem do pai morto para o luto, do feiticeiro para o jovem caçador que ele inicia, do mestre para o discípulo, do afresco para a gruta subterrânea, do oratório do átrio para a ceia familiar são as mesmas.

Assim como os cães confrontam odores presentes a odores remanescentes, os homens confrontam *visiones* a *verba*. Plutarco conta que Heráclito de Éfeso dizia: "Os cães (*kynes*) rosnam contra o que não identificam, as almas (*psychai*) farejam o invisível (*Hadès*)". A palavra Hades usada por Heráclito quer dizer em grego o que é sem visão (*aidès*), o lugar onde o visível se extingue, o lugar para onde os mortais vão depois da morte, o deus que governa a morada deles.

Em duas ocasiões durante seu reinado, o imperador Marco Aurélio testemunhou um desejo quase anacrônico, na segunda metade do século II, pelas antigas epifanias de *imagines* dos deuses como mortos. Em 167, após a derrota dos longobardos, ele restaurou durante sete dias a antiga cerimônia do *lectisternium*: ordenou que as imagens dos deuses romanos fossem instaladas como comensais em triclínios, e que os principais cidadãos os servissem à mesa como se essas estátuas pintadas e douradas fossem homens vivos que banqueteassem.

Em 175, quando morreu sua esposa Faustina em Halala, Marco Aurélio decretou que uma imagem de ouro representando sua esposa seria doravante transportada ao teatro, sentada no lugar onde a imperatriz costumava sentar, toda vez que ele próprio fosse ao espetáculo.

Frontão perdeu cinco dos seus familiares. Ele escreveu, mergulhado no luto do seu último neto: "*Exemplum oris imaginor…* Imagino a forma da sua boca; acredito ver seu rosto perdido; o som de sua voz (*sonum vocis*) parece ressoar na minha alma. Minha dor se deleita no desenvolvimento dessa imagem (*picturam*). Mas ignorando (*ignorans*) os traços daquele que morreu, essa semelhança conjetural (*verisimilem conjecto*) me suplicia e me exaure".

* * *

"Vá à fonte da filosofia e não à filosofia, repete Frontão a Marco Aurélio. Nunca perca na filosofia o ritmo, a voz que nela fala e o *psophos* remanescente e emotivo que ela conserva. Rechace suas dissertações deformadas, contorcidas (*sermones gibberosos, retortos*). Pela escolha das palavras, pela novidade do antigo que está no fundo da alma, do arcaico que está no fundo do impulso, abandonando-te à investigação própria às imagens, eu te fiz penetrar não apenas no poder (*potestas*), mas na potência (*potentia*) do dizer (*in dicendo*). Não podes desprezar a linguagem humana. Podes apenas não amá-la (*Possis sane non amare*). Podes não amá-la como Crasso o riso, como Crasso a luz do dia, como Crasso os campos. Mas o ódio à linguagem nada significa para o homem que o enuncia. Que um humano odeie a linguagem, é como a colheita que odiasse o flanco da colina.

"O poder é linguagem. Teu poder é linguagem. Imperador da Terra, é preciso que sejas imperador da linguagem, que é a senhora da Terra. É a linguagem e não o poder em ti que não cessa de despachar cartas para toda a superfície da Terra (*per orbem terrae litteras*), é ela que chama a comparecer os reis dos outros povos, que edita leis, ela que encadeia a sedição (*seditiosos compescere*), que afugenta a audácia (*feroces territare*). Nenhum dos imperadores precedentes usou desses torneios de frase que os gregos chamam *schèmata* (*Nimirum quisquam superiorum imperatorum his figurationibus uteretur, quae Graeci* schèmata *vocant*)." Frontão confessa a ambição que ele persegue: fazer de Marco Aurélio o primeiro

imperador que possui todas as palavras e todos
os *schèmata*, todos os *formidines* (espantalhos de
plumas vermelhas utilizados na caça com o chuço, o
stilus). "*In bello ubi opus sit legionem conscri-
bere non tantum voluntarios legimus…* As palavras
são os soldados da tua guerra. Quando queres formar uma legião, não basta alistar voluntários.
Inadmissível o imperador de Roma poder se achar na
situação de um homem que busca, em pleno Senado,
diante dos sacerdotes, um nome na ponta de sua
língua, de boca aberta à espera de uma palavra que
chova do céu na superfície de sua língua como o
paládio (*ut non hiantes oscitantesque expectemus
quando verbum ultro in linguam quasi palladium de
caelo depluat*)."

* * *

"*Antea gestum, post relatum, aiunt qui tabu-
las sedulo conficiunt.*" (Primeiro efetuado, depois
relatado, concluem os mantenedores de registro
escrupulosos.) O *logos* dos gregos, antes de ser
o dos filósofos, e mesmo ainda no tempo do grande
Platão, foi primeiro *gestum*, *gestus*, uma mão que
toma, e continuará para sempre sendo assim. Deus,
o mundo, o império pertencem ao relatado. Os
literatos não devem se identificar à linguagem
in flore (os sistemas), nem mesmo à linguagem
in herba (a língua vernacular), mas à linguagem
in germine, à semente originária, germinativa,
à *littera*, à substância literal que conserva o
páthos da linguagem, à coisa literária: "Faz da
semente germinativa que te fez a *práxis* de tua
vida. Houve primeiro o canto das aves. Foram as
primeiras vozes que modularam (*modulatae*). Foi
só depois que as flautas dos pastores apareceram,
porque eles as imitavam para fazer chamarizes.
As flautas não devem fazer esquecer o canto das
aves na primeva era (na primavera). Lucrécio não

foi grande por "ter sido" filósofo, discípulo de
Epicuro e de Demócrito, foi grande porque se lembrou das imagens, das imitações dos *pastores*, da
linguagem dos antecessores dos homens. Não podes
deixar arrebatar o que te anima (tua *anima*) por
vozes segundas e sem força". A filosofia deve ser
rejeitada porque se afasta da predação própria à
linguagem.

* * *

Todas essas cartas de Cornélio Frontão a
Marco Aurélio e, por sua vez, de Marco Aurélio
a Frontão, relatam uma crise. Elas assinalam o
fascínio de Marco Aurélio *adolescens* pela filosofia. A partir do instante em que Frontão concorre com dois outros mestres de Marco Aurélio,
Apôlonio e Quinto Júniu Rústico, sua veemência
se torna desproporcional e quase excessiva. Sêneca (preceptor junto ao jovem Nero) é tratado
por Cornélio Frontão (preceptor junto ao jovem
Marco Aurélio) primeiro como prestidigitador de
olivas, depois como cloaca. Frontão acrescenta,
enfim: "É preciso arrancar até a última raiz (*radicitus et exradicitus*), as podres e praguejadas
ameixas de Sêneca (*Senecae mollibus et febriculosis prunuleis*)". A cólera de Frontão deixará
traços na alma do imperador muito tempo depois
da morte de Marco Cornélio Frontão, os traços do
seu rosto tendo sido impressos na cera para modelar sua *imago*, seu corpo incinerado. O imperador
continuará a praticar essas extrações de imagens
(*excerpta*), as confrontará ao fantasma de Frontão, as oferecerá como libações à *imago* de Frontão
morto. Serão os seus *Pensamentos*, título recente
e absurdo. O correto seria dizer: os *Excerpta*, os
Extratos. Ou, melhor ainda, segundo o termo grego
usado pelo imperador, os *Ícones*.

O título do manuscrito descoberto por Toxita
é ainda mais humilde, a ponto de ser verossímil:
Ta eis eauton (Coisas para mim mesmo).

Frontão dizia que era preciso trabalhar a
língua para ser capaz de enfrentar audaciosamente
(*audaciter*) os perigos dos pensamentos mais di-
fíceis de admitir, as afasias que as experiências
mais dolorosas provocam ou que são indomesticá-
veis. É preciso seguir seu caminho com os remos
e as pequenas velas (*sipharis et remis tenuisse
iter*), mas, quando a necessidade imprevista so-
brevém, ser capaz de desfraldar a grande vela
da linguagem e deixar bruscamente atrás de si
as chalupas (*lembos*), os barcos dos pescadores
(*celocas*), a filosofia, a história, as leis, os
provérbios, os decretos, o discurso adulador, os
costumes.

* * *

A luz, o ar, a água, a terra, os vegetais,
os animais, a cujo grupo pertencemos, são uma
estranha e antiga disponibilidade, limitada no
tempo e no espaço, mas também limitada por suas
propriedades respectivas. Todos são concebidos
sem linguagem. Todos independem de razões, que
são apenas consequentes na linguagem, e carecem
de finalidade, que só pode ser atribuída pela
linguagem.

As sociedades, suas cidades, suas culturas,
suas regras matrimoniais, suas línguas, suas técnicas, suas migrações conquistadoras e seus fins
sonhados sob forma de história ou de religião,
são conquistas que de maneira nenhuma se separam
do dado natural, do dote físico ou biológico. Os
animais possuem, por sua vez, épocas de acasala-
mento, cantos, modos de associação, regras, ornamentos, migrações. As sociedades humanas não têm

o poder de se emancipar dessa dotação, dessa *energeia* que caracteriza a *physis*. Ao surgir no final da era neolítica, a história não foi senão o *akmè*, o ápice das predações (a invenção da guerra) acompanhado do entesouramento dos produtos (a invenção da contabilidade da escrita). Ela não foi de modo algum um arrancar-se das amarras biológicas, nem uma fonte de dignidade particular. É antes um suplemento de horror (a predação entre congêneres, a canibalização interespecífica). Mesmo no horror, não rompemos com a natureza; apenas ultrapassamos os limites que a fome (que o tamanho da boca das feras) impunha à ferocidade dos animais. A linguagem humana é um grito nascido da imitação dos animais e que em nós se apaixonou, órgão inumano que organiza imediatamente os dois *páthos* que nos assaltam, tanático e erótico, de dor e de prazer. Numerosas outras espécies animais possuem esse órgão que as divide, no interior delas mesmas, em desprazer e em autossatisfação. A caça, a agricultura e a guerra foram predações miméticas e sobrepostas que resultaram na História. Lançamo-nos fora do domínio da origem no que se refere ao espaço inicial, mas o impulso monstruoso que nos move é o mesmo: inumano, natural, dado.

* * *

Não se sabe mais se foi Serge Moscovici, ou Cornélio Frontão, ou Loggin, ou Mestre Eckart, ou Cusa, ou Vico, que escreveu: "A arte se funda no ser, o produto no dado". Shakespeare escrevia: "A arte que imita a natureza pertence à arte que faz a natureza".

* * *

A passagem dos primatas ao homem não constitui um limite. Não houve origem do homem. Por ele a natureza se derramou como a lava na crista

de um vulcão. Uma metamorfose lenta e simultânea
de várias espécies ao longo do tempo procedeu a
suas próprias mutações — sendo que uma delas, bus-
cando suas presas como todas as outras, descobriu
uma orientação assombrosa na imitação predatória
dos grandes carnívoros, que ela espiava porque os
temia.

A espécie humana não conheceu mutação: foi
convertida em predadora de uma espécie que figu-
rava entre as presas, fascinada pela apreensão e
ferocidade. A horda é um mito humano. Os primatas
símios vivem em grupo. As fêmeas, os filhotes e
um macho dominante, como corifeu, e a título de
reprodutor, formam o núcleo estável. São rejeita-
dos para as margens os bandos periféricos dos machos subadultos. O território, em torno da base,
é limitado pelo raio da coleta que estimula um
pequeno deslocamento. Os bandos de machos jovens
periféricos migram mais em torno do núcleo estável
das mães e das mulheres. A exclusão dos mais jovens para a periferia torna impossível o incesto,
cuja interdição foi apenas uma consequência. Do
mesmo modo, o acesso aos recursos do núcleo de
filiação lhes é vedado. Rivalidade, periferia,
homossexualidade, mobilidade, fome e pilhagem
formam seu destino.

A arte da restauração do passado é uma ousadia vã que se expõe inevitavelmente ao ridículo.
Ao mesmo tempo, a cria do homem sempre se viu an-
gustiada pela questão da sua origem, e talvez o
pensamento seja mesmo o reflexo que engendra a reflexão. A cena invisível perturba. As conjecturas
são delírios, e suas censuras, demências. Nunca
conhecemos o "desapego" do reino animal e do mundo
natural que supomos. Ao contrário, aumentamos o
apego.

Os machos cuja situação periférica expunha à predação dirigiram-se às presas que os ameaçavam e se tornaram parceiros delas. Uma presa cobiça uma presa e a disputa com outras. Tal é a origem da humanidade: predação imitada. Um olho na carne morta, ao lado de outro mamífero que fareja os vestígios dos predadores, sobre os quais sobrevoa o olho de outro devorador de carniça. Isso faz um homem, um lobo, uma águia.

Serge Moscovici mostrou que não se pode de maneira alguma falar de uma "hominização" dos primatas, mas de uma "cinegetização"[3] de alguns deles. A *praedatio* dilacerou a coleta (em grego, o *logos*). Ao devastar a coleta, a caça transformou um herbívoro em mamífero necrófago dos restos dos grandes carnívoros que ele espreitava, ao lado das aves de rapina e dos lobos. Posteriormente, esses herbívoros tornados necrófagos se transformaram eles próprios em carnívoros. Esses transportes são as primeiras *metaphora*. Os homens se transportaram aos que eles imitavam e que devoravam: urso, cervo, abutre, lobo, touro, mamute, cabrito-montês, bisonte. Ou, no mundo antecolombiano, puma, jaguar, condor. Cortar a carne de um carnívoro e distribuí-la denomina-se sacrificar. Seguindo por onde suas presas viviam, eles se instalaram no lugar delas, nas grutas, nas cavidades, nos ninhos, nos poços onde os animais que perseguiam faziam seu abrigo. A caça tornou--se um modo de vida exclusivo: o animal é o modelo, a imagem, o concorrente, o alimento, o deus, a vestimenta, o calendário, o objeto do grito, o tema dos sonhos, o centro dos fios, o deslocamento como destino, o mundo como trajeto. Nas paredes das grutas magdalenianas, a face humana

---

3   Termo derivado de cinegético, relativo à caça. [N.T.]

é bestializada sob a forma de cabeça de urso, de
lobo, de abutre ou de cervo. A agressividade, a
ferocidade e a guerra não se desenvolveram em nós
geneticamente. Elas vieram da caça: foi uma longa
aprendizagem da morte vestigial e depois dada. A
etapa seguinte foi o canibalismo, apogeu da caça
e aurora da guerra. O que chamam o devir-homem de
certos primatas foi esse lento devir-animal dos
protocaçadores.

* * *

Raras são as espécies que escapam da vida
coletiva: o vison, o leopardo, a marta, o texugo,
eu.

* * *

Se for lido pelo que é (uma compilação de
imagens investigadoras, de sortilégios univer-
sais), a compilação de Marco Aurélio revela-se
um dos textos mais profundos que a Antiguidade
nos legou, até mesmo no caráter privado, meti-
culoso, pedagógico, escolar, circunstancial de
sua composição, comparável em enigma e em força
ao *Parmênides* de Damaskios ou aos três *Logos* que
restaram de Górgias de Leontinos. Daí o caráter
contraditório, difuso, vesânico, que chocou os
filósofos nos *Pensamentos*: não são argumentos
coligados, dedutivamente reunidos, dispostos, se
não com razão, pelo menos com sentido, que formam sistema ou então especificam a psicologia de
um homem que se confessa. São imagens eficazes,
sortilégios lançados diariamente sobre a situação
para ligá-la. Que a melhor rede vença.

Num dia em que Marco Aurélio escreve a Frontão que sua filha pequena, Domitia Faustina, teve
uma cólica (*alvi fluxus*) e conservava, além de
um pouco de febre, uma tossezinha, Frontão sente
subitamente uma má impressão (*consternatus*) ao

anúncio dessa tossezinha (*tussicula*) que afeta a
voz da princesinha infante (*infans*). Ele procura
formar a imagem do medo (*pavor*) que sente, a fim
de afastá-lo e também com a esperança de curá-la.
A linguagem é um *páthos*: "*Equidem ego quid mihi
legenti litteras tuas subvenerit, scio; qua vero
id ratione evenerit, nescio*". (O que senti ao ler
tua carta, eu sei. A razão pela qual o senti, é o
que ignoro.) Então Frontão dá pela primeira vez o
nome do seu mestre, o pai da teoria das *imagines*,
o verdadeiro teórico da coleta das imagens (em
grego: *logos* dos *ícones*): "*Ego, qui a meo magistro et parente Athenodoto ad exempla et imagines
quasdam rerum, quas ille* eikonas *appellabat…* Eu,
que aprendi com meu mestre e pai, Athenodoto,
como era preciso conceber e formar no espírito
certas representações e imagens das coisas que ele
próprio chamava em grego de ícones, eu penso que
a metáfora, ao transportar a imagem que suporta
o objeto a outra imagem, a torna mais leve e, ao
multiplicar sua visão, a faz menos aguda. Essa
translatio é semelhante, graças à linguagem, ao
que acontece com os que carregam um fardo no ombro, quando fazem passar o peso do ombro direito
ao esquerdo (*in sinistrum ab dextero umero*): a
mudança parece um alívio (*translatio videatur
etiam relevatio*)".

De uma tosse de criança ao peso de um saco
nas costas, as imagens da linguagem estendem redes
à emoção e ao temor, assim como domesticam o mau
páthos que Frontão sentiu ao anúncio da *tussicula*
da princesinha sem voz. A *translatio* faz mudar de
ombro. A *metaphora*, se não cura, alivia: é uma
relevatio. Já é um renascimento.

* * *

A maior parte das cartas conservadas entre
Cornélio Frontão e Marco Aurélio são investiga-

ções de imagens e enlaces possíveis para o afeto, buscas laboriosas de metáforas para amplificar o louvor do velho imperador reinante, Antonino, listas de imagens extraídas para os deveres. Marco Aurélio escreve: "*Ego quoque hodie a septima in lectulo nonnihil legi. Nam eikonas decem ferme expedivi…* Li bastante hoje; estou em meu leito desde a sétima hora; quase completei dez imagens. Resta a nona, na qual tropeço".

Frontão lhe responde sempre, encontrando o ícone mais hábil, mais desconcertante, mais econômico, mais fulgurante, mais breve.

Tantos dias, tantas *imagines* (caveiras no átrio da alma). Essa ascese búdica sobre o tempo, sobre os lugares, sobre o poder, sobre a velhice de Antonino, sobre a morte, é um exercício mental próximo ao romance. Criticando a maneira de escrever de Cícero, Frontão argumenta: "Cícero carece de palavras inesperadas, inopinadas (*insperata adque inopinata verba*). Chamo de inesperada a palavra cujo aparecimento atinge o leitor ou o ouvinte para além da sua esperança (*praepter spem*), a palavra que deixaria abandonado seu reduto, a palavra que vem como um rosto de antepassado, a palavra que se ergue como uma *imago* durante o sono". Um Pai surge e retorna para nós.

* * *

Os agrupamentos humanos não cessam de querer impor sua humanidade com a exclusão de sua origem e do dote que lhes corresponde. Sua língua nacional, assim como sua cidade local, esperam tecer um véu e fundar uma ordem que os distinga de sua pele, de seus caninos, de seus testículos, do modo bestial, ou seja, absolutamente não específico, de sua reprodução, de seus estertores, de seus cadáveres que apodrecem como os cadáveres dos outros mamíferos e que excitam, como eles, o

apetite das aves de rapina e dos mamíferos necrófagos que comem seus restos, a exemplo de todas
as outras presas. O vínculo social é construído
sobre essa exclusão do outro do qual se provém,
do qual não se quer provir, negado como outro e
acusado de não ser humano, como é o humano.

* * *

A guerra de morte contra a natureza retira
dela suas forças, subjugando sua água como o leite
nas vacas, seu fogo como os cães nos lobos, a
força na água como o mel nas colmeias e a violência no vento. Mas jamais o oceano, o rio, a
abelha, o lobo, a borrasca, no uso que a predação
que os devora faz deles, aparecem como aquilo que
são.

O abismo se abre entre a impetuosidade e o
vento que está no céu. O abismo se abre entre a
corrente e a nascente do rio no alto da montanha. O abismo se abre entre a linguagem e a voz,
órgão que divide o universo em alegria e em dor.
A *litteratura* é o cuidado atômico das *litterae*.
O literário é o remontar da convenção ao fundo
biológico do qual a letra nunca se separou. É o
ouvido aberto ao incessante apelo abissal — ao
longínquo apelo que sobe desse abismo sempre ca-
vado entre a fonte e a floração que se multiplica,
cada vez mais profusa, nas margens, rio abaixo.

* * *

Nunca, na mais longa das durações, os homens
que produziram nossas sociedades e nossos pensamentos tiveram a revelação da metamorfose que
eles eram, desde a plurimilenar *desfusão* do fundo
pastoso, da *physis* à qual estavam aderidos. Por
convenção, contam-se três milhões e quinhentos mil
anos de emergência zoológica, depois quarenta mil

anos de pré-história, mais nove mil anos de história humana. Aquilo em que nos transformamos tão lentamente nos escapou cada dia. A opacidade cotidiana, a aplicação minuciosa, a determinação faminta são nossas vidas. Um dia não abandonamos a floresta. Um dia não abandonamos a coleta de alimentos. Um dia não inventamos a caça, nem outro dia, o arco, nem outro ainda, o cão, a família, a arte, a morte. A espécie humana não teve por primeiro destino lutar contra a natureza, como a razão e a racionalidade moderna quiseram fazer os herdeiros acreditarem. Começamos por nos fascinar pelas feras. Imitamos o grito que elas emitiam para matá-las. As Sereias de Homero têm asas de abutre e reinam sobre ossadas esbranquiçadas.

* * *

A unificação da espécie *Homo* pode ser datada em 500.000 anos a.C. O crescimento esteve ligado à predação simplesmente porque esta última se confunde com seguir a pista das presas e seu deslocamento. Os homens se espalharam porque as presas se deslocaram. O final da glaciação começou por volta de 12.000 a.C. Os últimos caçadores inventaram o arco em 9.000 a.C., e o cão (primeira domesticação pré-neolítica) foi domesticado por esses últimos caçadores. Cinegética e falcoaria. O culto dos crânios apareceu no sétimo milênio no Oriente Médio: em Catal Huyuk, na atual Turquia, os mortos eram decapitados, os crânios depositados nos *domus* dos sobreviventes, e seus corpos deixados como pasto aos abutres celestes, assim como a fumaça, os restos de sacrifício e os restos de mesa. Por volta de 6.000 a.C. houve a invenção da cerâmica: os seios das primeiras deusas de argila escondem bicos de abutre. O nível dos mares (130 metros abaixo no momento das glaciações) se elevou ao nível atual por volta de 4.000 a.C. Os

animais glaciais ou desapareceram, ou migraram
rumo ao norte. Os ocidentais que não os seguiram
esqueceram os mamutes, as renas, as falésias e
a neve, quando não o lento e perturbador dilúvio
que voltou a elevar os mares do mundo e isolou os
continentes. Os animais da floresta se multiplicaram. Costuma-se fixar arbitrariamente em 3.500
a.C. a metamorfose da Era Pré-histórica em Era
Antiga. O cavalo só foi domesticado na época dita
histórica: a cultura dos equídeos, não sendo alimentar, já não era mais neolítica. As invenções
da escrita podem ser datadas em torno de 3.300
a.C. na Mesopotâmia e de 3.100 a.C. no Egito. O
transporte, a guerra e a história sucederam às
cidades, à escrita e aos porcos. A guerra (a caça
de homens por homens) se estende subitamente a
partir do terceiro milênio.

* * *

"O mundo é um descanso do abismo." *Deversorium*, em latim, é o descanso do caminho. Marco
Aurélio modifica a imagem: "O mundo é uma cidade
na qual as nações são apenas moradias. Os astros
pacíficos são uma eterna tempestade".

Como todo romano, Marco Aurélio crê na única
fonte, no único jorro fascinante que é a *physis*;
que, assim como jorra, asperge; que, assim como
asperge, é múltipla como os deuses que são suas
gotas, suas sementes. As decisões arcaizantes de
Marco Aurélio, em prosseguimento a Frontão, não
correspondem a uma estética, mas a uma tomada de
posição política, da qual os extratos do imperador
permitem afirmar que ele tinha total consciência:
a alma é arcaica assim como a linguagem humana,
e, do mesmo modo que a fundação das sociedades,
só se emancipa com o passar do tempo, de massacre
em massacre, da predação ante-hominiana (da grande

boca aberta das feras que ele vê também nas fendas
da casca do pão).

* * *

A passagem sobre as feras e as fendas do
pão propõe um enigma que é ainda mais difícil de
interpretar do que indiquei. O ícone não é uma
arma fácil na boca dos homens. "O pão, ao assar,
fende-se em alguns lugares e essas fendas (*die-
chonta*) se produzem à revelia da arte do padeiro.
Os figos muito maduros (*syka ôraiotata*) que se en-
treabrem têm o mesmo aspecto da oliva apodrecida.
A fronte dos leões (*to episkynion tou leontos*), a
cabeça dos velhos (*gerontos*), a espuma que escapa
do focinho dos javalis (*o tôn syôn ek tou stoma-
tos rheôn aphros*) estão longe de serem belos e,
no entanto, têm um atrativo (*psychagogei*)." Esse
texto é muito estranho. Como se ele se lembrasse
do caçador necrófago seguindo a pista das feras,
perseguindo as pegadas e os vestígios, espiando o
resto das presas mortas. A aproximação da morte
cria o sentimento de apetite e de beleza. Há uma
contemplação que vai além da linguagem e que a
própria natureza em seu silêncio oferece no seu
ponto extremo de amadurecimento, de apodrecimento,
isto é, de decomposição. A beleza, diz Marco
Aurélio, separa o intempestivo e o tempestivo.
Tanto na cabeça do velho como na rachadura do figo
muito maduro, tanto na fenda do pão como na grande
boca aberta das feras, dos javalis, dos leões, a
morte é tempestiva, tentadora. Essa beleza sem
logos é uma *hôra*, uma propriedade da estação.
É um *akmè*, uma maturação do tempo próprio, uma
tempestas. O atrativo acidental associa *sordi-
dissima* e *tempestivitas*. Albúcio Silo, um século
e meio mais cedo, fazia uma análise comparável
daquilo que perturba de emoção nosso desejo. O
sordidíssimo que comove acrescenta-se à beleza

e a consagra: é um traço próprio à natureza. A
morte foi primeiro um resto que excitava a fome.
Os acidentes da natureza lembram à humanidade o
acidente de sua natureza, os resíduos apaixonantes
da caça, os vestígios da carne de veado: a boca
aberta das feras. A morte como testemunha apaixo-
nante de uma antiga vida devoradora. A morte como
fera.

* * *

"*Exô tou kosmou to apothanon ou piptei.*" (O
que está morto não cai fora do mundo.) A razão
disso é simples: cai na boca das feras. Os doze
volumen dos pensamentos visam um único objetivo:
a independência do julgamento, o domínio daquilo
que escraviza o homem (a linguagem), um jorro de
imagens, um fermento de energia vital, um compacto
de *conatus* universal, uma lista de agradecimentos
às sementes, aos grãos, aos genitores, aos mestres, às imagens (aos ícones) e aos deuses.

Nos doze livros de extratos de Marco Aurélio, a natureza é definida ao mesmo tempo como
universitas e como *metamorphôsis*. O que a *physis*
tem de mais caro é a transformação (*metabolè*)
tumultuosa. O todo, que é uma torrente de tempestade (*cheimarros*) que arrasta tudo, onde a tempestade não cessa de aumentar, arrasta a si mesmo:
é assim que o fabricante persiste no fabricado.
"Todos nós colaboramos na realização de uma obra
única (*Pantes est hen apotelesma synergoumen*).
Heráclito dizia que mesmo os que dormem trabalham
numa obra e colaboram (*synergous*) naquilo que se
faz no mundo. O homem é tão indiferente (*adiapho-
ros*) quanto o Sol, o vento ou um animal feroz (*è
hèlios è anemos à thèrion*)."

Cada frase dos *Pensamentos* tece as malhas de
uma rede para caçar a vida. São primeiro *imagines* simples: "Ao se elevarem, as chamas do fogo

(*to pyr anôpheres*) buscam o Sol, como os riachos
através das florestas e dos campos buscam o mar.
O mar é o rebanho dos riachos. O Sol é a ninhada
das chamas, como as cidades são os enxames dos
homens".

Depois o ícone se faz mais denso, a ponto
de obter de sua elipse a força de largada: a *metaphora* se transforma num curto-circuito de duas
forças. "*È Asia, è Eurôpa, gôniai tou kosmou...* A
Ásia, a Europa: cantos do mundo. O monte Atos:
um torrão de terra. O tempo presente inteiro: um
ponto. Tudo é pequeno (*Panta mikra*). A grande
boca aberta do leão (*to chasma tou leontos*), o
espinho (*akantha*) e a lama (*borboros*) são as con-
sequências de Deus."

O que é o *kosmos*? "As criancinhas acham bela
sua bola (*sphairon*). A natureza se comporta como
um jogador que lança uma bola (*ôs o anaballôn tèn
sphairian*). Que sofrimento sente uma bolha d'água
(*pompholyx*) ao rebentar?

"Este pepino (*sikyos*) está amargo; joga
fora. Há espinheiros (*batoi*) no caminho; evita-
-os. Não digas: Por que isso existe no mundo?
Farias rir o carpinteiro (*tektonos*) ou o sapa-
teiro (*skyteôs*) se lhes reprovasse, no chão de
suas oficinas, as lascas (*xesmata*) e as sobras
(*peritmèmata*) dos couros de animais caídos de seus
trabalhos."

"Odiar a guerra ou detestar a morte é como
se alguém, sentado junto a uma fonte transparente
e doce (*pègè diaugei kai glykeia*), a insultasse
(*blasphèmoiè*)."

"A morte é como o aparecimento dos dentes, o
crescimento da barba, a vinda dos cabelos brancos
(*polias*) e o parto das mulheres."

* * *

Ao envelhecer, Marco Aurélio repassa as lições de Frontão: "Ama aquilo ao qual retornas. Não te dirijas à filosofia como a um mestre de escola (*paidagôgon*), mas como os que têm problemas nos olhos (*ophthalmiôntes*) retornam à pequena esponja e ao ovo (*pros to spongarion kai to ôon*). A filosofia é um cataplasma (*kataplasma*)".

Portanto, nunca se trata de uma lista de argumentos gastos, como todos os leitores do imperador o compreenderam, um terço deles voltando a Epicuro e a Lucrécio, dois terços aos estoicos e a Epiteto. Se o imperador escolhe ler Lucrécio, ou Epiteto, ou Heráclito, é que essas obras eram as mais tecidas de imagens. Todos os livros, entre os quais os deles, são desmembrados para extrair poderosos ícones. Um único objetivo: a fermentação das *metaphora*. Do mesmo modo que um homem dos tempos paleolíticos cortava o crânio para aspirar o cérebro e a força do morto, isto é, do ancestral. A linhagem dos ancestrais forma a fileira das *Imagines*. As cabeças dos cadáveres eram moldadas na argila ou na cera. Alinhadas dentro do oratório, elas são retiradas no momento das refeições rituais. São exibidas por ocasião de um grande discurso de cerimônia. Recorre-se à propiciação delas sob o golpe de um sofrimento.

* * *

É um imperador romancista: "Vê o que eles são quando comem (*esthiontes*). Vê o que eles são quando dormem (*katheudontes*). Vê o que eles são quando se acasalam (*ocheuontes*). Vê o que eles são quando defecam (*apopatountes*). Imagina. Prossegue teu trabalho de imagens. Mistura as identidades. Procura representar os vivos sob as identidades dos mortos. Depois, te virá este pensamento: '*Pou oun ekeinoi?*' (Mas onde estão

eles?) Dá a resposta: *'Oudamou è hopoudè'* (Em
parte alguma e em toda parte)".

* * *

Em realidade, o livro fundamental da retórica especulativa é mais antigo que a declaração
de guerra que Frontão lançou contra a filosofia:
um século os separa. É o *Peri hypsous* do pseudo-
-Longino. Diante dessa expressão tradicional,
"pseudo-Longino", que, ao lançar uma dúvida sobre
a identidade do autor, torna incerta sua existência e faz suspeitar que a obra seja de falsifi-
cação apócrifa, sugiro nomear Logginos ou Loggin
esse autor grego que escreveu sob o império de
Tibério e que dedicou sua obra a Postúmio Teren-
ciano. Nada resta da obra de Athenodoto ou da de
Musônio. E o que resta da obra de Logginos é tão
lacunar que a determinação da posição antifilosófica do seu pensamento está longe de ser tão
definida ou esclarecida como no caso de Frontão.
Mas esse tratado perturbador é o equivalente,
em relação à literatura antiga, do livro secreto
de Zeami em relação ao nô japonês, ou ainda o do
monge Kenkô em relação à literatura budista.

É um tratado do *tonos*, da tensão, da *into-
natio*, do trovão, da *energeia* própria à linguagem, quando ela se faz busca da profundidade e
dos limites superiores ou inferiores (sublimes ou
sordidíssimos) da experiência humana. *Do sublime*
é também uma compilação de ícones, reunindo os
"cimos" do *logos*: "O sublime (*hypsos*) é o cimo
mais alto (*akrotès*) do *logos*".

É um grande livro informe sobre a criação
literária considerada como arte suprema. Não
há limites à *physis feita* voz. Não há fronteira
entre o inato fusional e o adquirido passional,
entre o dom do escritor e a técnica linguística,
entre o dado biológico e a função investigadora

dos paradoxos e das imagens. O sublime não leva
o ouvinte à persuasão (*pistis*), mas à exaltação
(*ektasis*). O grande poeta ou o grande prosador
buscam a fala extática. A linguagem no seu cimo
faz oscilar o *thauma* (o espanto, a admiração) e o
ekstasis (o êxtase), e dá ao pensamento a sensação
da luz. "A arte (*technè*) é completa quando parece
ser natureza (*physis*), e a natureza, por sua vez,
atinge seu objetivo quando encerra (*lanthanousan*)
a arte sem que ninguém perceba. A arte ensina, e
esse é o ponto capital (*kyriôtaton*), que há nos
logos certas particularidades que têm a *physis*
como único fundamento." O cimo da linguagem dá
passagem ao cepo originário. Tanto o ninho da ave
de rapina como a gruta da fera se recolhem nele.
Uma obra literária se situa num tempo diferente do
da fala, consagrada ao presente. Não escrevendo
no presente de sua fala, o literato escreve no
passado, escreve no futuro. É um bravo cavaleiro,
um ousado, um ameaçador: rivaliza com os escritores mortos, com os eminentes, com o futuro da
palavra, tanto nos sortilégios que lança quanto
no desafio aos escritores que vão nascer. É um
enlace, um *logos*, um *nexum*, um sortilégio, uma
defixio, uma *ligatura*. A *mímesis* ou a admiração,
que consistem ambas em deixar-se possuir pelo com-
portamento do outro, do animal, da montanha, do
cimo da montanha, do abutre, é uma predação mais
antiga que a própria representação à qual ela dá
origem. As palavras usuais são como vestimentas
que dissimulam, enquanto a linguagem literária é
a linguagem nua até o pavor. A nudez da linguagem, eis o que Loggin chama o sublime. A palavra
latina *sublimis* traduz mal o grego *hypsos*. *Hypsi*
é o que está no alto, o alto-mar, a eminência, em
relação ao que está abaixo, em relação ao que está
distante. O sublime é o que jorra, o que tensiona

e se tensiona como no momento do desejo masculino.
É preciso que o *tonos* do *pneuma* reencontre essa
tensão. Esse é o tom da obra literária. Loggin
escreveu de maneira enigmática que uma das principais qualidades do estilo de Demóstenes é o
agchistrophon, a gingada, a agilidade do corpo
da frase em mudar de posição. Do mesmo modo, no
mundo romano, a força do estilo é descrita como um
jato irreprimível, no qual o *páthos* toma por ícone
a torrente, no qual o *pneuma* toma por ícone a ins-
piração delirante e rodopiante do xamã-feiticeiro.
Essa força está ligada à violência da própria natureza. Daí o caráter anômico da literatura, seu
traço físico, seu rosto não costumeiro: "O que se
admira sempre", escreve Loggin, "é o inesperado
(*paradoxon*)". A literatura é uma antiética, é uma
pática[4] trabalhada e sustentada, uma "excerpção",
extração de sua própria matéria, uma exceção da
linguagem, um renascimento do impulso que há em
sua fonte. Na linguagem sublime, a própria história é pega de surpresa, posta em curto-circuito:
a linguagem nua é a que faz surgir uma "visão
digna de toda época (*tou pantos aiônos axion*)".
Assim, não há *metaphora* que não seja um *paradoxon*.
Em verdade, a *litteratura* pensa ao pé da letra,
pensa mais que todo pensamento tão logo sua linguagem é nua, e por menos que essa nudez realmente
irrompa, isto é, se mostre no elemento do impulso
que a precede.

Há uma violência do pensamento que é uma
violência da linguagem, que é uma violência do
imaginário, que é uma violência da natureza. Assim é o sorites que comanda o que Loggin chama
ora de grande arte, ora de grande jogo da arte,
retomando esse ícone de Górgias de Leontinos.

---

4 Relativo a *páthos*, paixão. [N.T.]

* * *

Pulo o muro. Evado-me por um instante dessa tradição de mestres de retórica ocidentais. A frase de Loggin sobre a gingada em Demóstenes faz pensar num dos dezessete *shi* da poesia segundo Wang Changlin, tais como François Jullien os relatou. Wang Changling escrevia na China do século VIII. O décimo quarto *shi* define o contrapé. É verdade que o efeito da gingada difere do efeito do contrapé, do qual Wang Changling afirma que ele quebra subitamente o dizer. Mas as posições de pensamento em Loggin e em Wang Changling são estranhamente vizinhas. Tanto os *schèmata* como os *shi* não valem por si mesmos. As figuras da retórica, em Loggin, nada são em si mesmas senão acelerações do fluxo, canalizações ou dispositivos que precipitam o curso da linguagem como torrente, que a elevam como montanha ou que a rompem como abismo. Em relação à *energeia* que subjaz a tudo o que é, escrever ambiciona ser o equivalente, para a língua, ao nascimento, para a vida. O extraordinário tratado de Loggin, assim como os paradoxos que os retóricos especulativos recenseiam, consiste em fazer crescer a irrupção da linguagem.

Em 1885, o governo de Jules Grévy, na França, suprimiu a disciplina de retórica no final dos estudos e decidiu generalizar a escravização.

* * *

Os antigos chineses dizem que a narração do romance não deve ser assumida por uma primeira pessoa (o que, em troca, caracteriza a forma do relato, que é pessoal e humano) porque o romance é um dragão. É preciso que seja impossível ao leitor pôr a mão no que ele lê. A narração romanesca perderia sua imprevisibilidade ao se submeter à racionalidade de um ponto de vista. Perdendo sua

imprevisibilidade, perderia o choque emitido por
sua própria violência. Perdendo sua estranheza,
o romance perderia em fascínio. A primeira pessoa
não é senão um sexo masculino em repouso e que
se enruga. (Os antigos romanos diziam, de forma
comparável, que o sexo em ereção é o deus e que
seu possuidor, nesse instante, não é mais ele
mesmo.) Esse sexo enrugado pode comover, mas não
pode transportar a esposa que é o leitor. Para
que o prazer do texto continue imprevisível, é
preciso que o leitor não saiba de onde virá o
desejo. O desejo não pode se afirmar como eu, nem
ter rosto; pode apenas desejar, retesar. *Fascinus
fascinatus.*

Para os antigos chineses, o romance também é
um antigo animal: um dragão.

A literatura, segundo essas profissões de
fé de um romano, de um grego, de um chinês, é a
linguagem concebida como arma de arremesso.

* * *

A invenção do homem foi a imitação da predação dos grandes carnívoros. Essa invenção não
se chama riso, linguagem, mão preensora, posição
ereta, morte. Chama-se caça. Retesar um arco quer
dizer vergar a vara a ponto de que ela se curve,
e aplicar um esforço sobre ela para esticar ao
máximo a corda retida por suas extremidades, cuja
tensão (*tonos*) servirá de propulsor à flecha. Os
caçadores paleolíticos, ao inventarem o arco, na
origem do arco inventaram a origem do som da morte
na corda única (a música), isto é, da linguagem
apropriada à presa.

* * *

Ler é buscar com os olhos, através dos sé-
culos, a flecha única disparada a partir do fundo
das idades.

* * *

Nascer é um surgimento no ar atmosférico que grita. Essa fonte é eternamente nova. A fonte não conhece o tempo, assim como o sexo não o conhece no amplexo que a renova. O saber e as formas adquiridas são imediatamente passados; são imagens dos mortos. O que flui naturalmente supõe a proximidade da fonte, qualquer que seja o milênio.

A arte não conhece o declínio. Conhece apenas os cimos.

Conhece estranhos recortes de era em era. Esses recortes chamados "épocas" herdam línguas que estão mortas, como cada criança que nasce enterra seu avô materno.

* * *

A vida humana se apoia na linguagem como a flecha no vento.

Imagens da linguagem como rajada, como potencialidade que jamais se imobiliza, como oceano e *rhythmos* das ondas, como torrente, reaparecem em Frontão, em Marco Aurélio, assim como em Logginos. São os ícones da mesma irrupção, da mesma tensão inesgotável.

A tensão desse arco se chama o tempo.

Mêncio, na China antiga, no começo do século III antes da era, dizia: "Os letrados não amam o bem e se comprazem no caminho das letras. Assim, não submetidos ao poder que os ignora, criam como a natureza".

* * *

Em Loggin, é a emoção como vertigem mortal que é buscada pelo humano amante das belas-letras. O sublime, a altura, a eminência, a montanha, a torrente, o oceano, o abismo não são buscados por si mesmos: neles, é o aprumo que é buscado.

É o estilo aprumo que Loggin estuda: é o *logos*
dilacerando o *legein* que há em sua fonte. Muito
diferente do linguístico é aquilo do qual a linguagem é signo e ao qual não pode remontar sem
se perder. O estilo não está ligado à forma do
que é dito, como tampouco está ligado ao conteúdo
grandiloquente ou sordidíssimo do que é mostrado;
está ligado à energia pré-linguística que ele
tensiona na organização do prazer e da dor. Kong
Souen-long dizia: "O que mostra não é o dedo que
o mostra". A linguagem nua está imediatamente a
prumo acima do silêncio que ela abre em sorvedouro
como efeito da linguagem.

* * *

Qual é o aprumo? A vida do corpo extrai de
nós, no prazer, o grito terrível e incomposto
comparável ao do nascimento. Engendrar e nascer
gritam bem mais alto e verdadeiro que o estertor
da morte.

Se houvesse uma função semântica da linguagem, seria a felicidade como voz, cuja fonte seria
o grito que o prazer arranca.

Esse grito indedutível é o *psophos* próprio à
linguagem humana.

* * *

Toda a linguagem humana não é senão um asso-
reamento após o silêncio do desejo.

Se lemos Frontão, o *logos* jorra da boca como
o esperma na extremidade do *fascinus*.

Se acreditarmos em Marco Aurélio, o tempo é
drenado como sangue no vazio dos astros.

* * *

Assim como o amor humano tem suas figuras, a
linguagem humana tem suas *imagines*, suas *prosôpa*,
suas saliências que abrem fendas, que dilaceram

a própria linguagem. Loggin recomenda os assíndetos, as anáforas, todas as rupturas de ligação de que o mestre de retórica pode dispor. A desordem nua da linguagem desordena o pensamento que busca, enquanto as conjunções bloqueiam o impulso ou desativam o jato pneumático. A natureza (*physis*) nos introduziu na vida para elevá-la e não diminuí-la; para acrescentar impulso a impulso; para revigorar a ereção do universo (*kosmos*).

A grande natureza é o fundo da arte. E o que é desmaio aos olhos do homem não o é aos olhos dela. Loggin é formal: *"Physei de logikon ho anthrôpos, kapi men andriantôn zèteitai to homoion anthrôpô, epi de tou logou to hyperairon ta anthrôpina"*. (O homem é feito por natureza para a linguagem; nas estátuas, busca-se a semelhança com o homem; nos *logos*, busca-se a semelhança com o que está acima do humano.)

A língua ordinária diz: "Essa mulher, essa coisa, esse acontecimento caem a prumo". É o que traduziria melhor a palavra *hypsos*, bem melhor que o latim *sublimis*. O aprumo é o *kairos*. O aprumo é o que se abre sob o humano como abismo, como a falésia cai a prumo. O humano foge do abismo. Somente o *logos* o traz de volta a ele. Por isso o aprumo é tão raro em cada época do mundo. Loggin acrescenta: *"Tosautè gonôn kosmikè tis epeichei ton bion aphoria"*. (Tão grande é a esterilidade geral que estrangula a vida.) É preciso escolher e olhar como imortal nossa semente; ou nosso resíduo; ou o crime; ou o *logos*, isto é, o cimo onde a humanidade desmaia (XLIV, 8).

Ou o silêncio, isto é, o abismo que o *logos* abre atrás de cada uma de suas ondas.

* * *

Há na correspondência de Frontão uma carta em que este procura de repente uma imagem a fim

de explicar por que razão não respondeu às cartas
que recebeu na semana precedente, depois com o
propósito de definir quem ele é quando escreve,
para aumentar enfim a obstinação que põe nisso.
Essa carta é escrita em grego, na língua de Loggin: "*Homoion ti paschô te hypo Rômaiôn hyainè
kaloumenè...* Sou o que em língua romana se chama uma
hiena quando escrevo. Sou um pescoço que não pode
se virar nem para o lado direito nem para o esquerdo. Sou um dardo. Uma serpente em dardo. Sou
uma linha reta... *Tis oun eikôn eurètheiè pithanè,
malista men anthrôpinè, ameinon de kai mousikè...*
Que imagem eu poderia encontrar que pudesse ser
comovente e que conservasse um valor antropo-
mórfico, no domínio da própria música? Sou Orfeu
saindo do inferno...".

Não são metáforas que Frontão alinha: são,
no sentido de Ovídio, metamorfoses. São renascimentos incessantes como no budismo. Por que o
Ocidente não cessou de querer conhecer renascimentos? Porque ele era dirigido por esse apelo
a renascer, que precede o homem e a própria reprodução biológica, e que essa tradição retórica,
perseguida, transferida de letrado a letrado de
forma secreta, ansiosa, marginal, não cessou de
renovar para além dela como um grito.

A tradição ocidental produziu uma metempsi-
cose mais familial (mais epocal) do que indivi-
dual. Foram os diversos renascimentos.

Aélio, contemporâneo de Marco Aurélio, pre-
tendia fundar uma nova Atenas. Marco Aurélio é
claro: "Tudo o que envelhece está em via de renascer". Não se trata de reviver: trata-se de
recomeçar a vida em seu impulso, em seu nascimento, em sua novidade. Renascimento, aos olhos
de Alcuíno e de Carlos Magno, aos olhos de Petrarca ou de Nicolau de Cusa, aos olhos de Mestre

Eckart ou de Giordano Bruno ou de Montaigne ou de
Shakespeare, nunca significou restauração dos antigos em sua ancianidade, mas renascimento do nascimento mesmo, da irrupção que precede os próprios
indivíduos humanos, as famílias, as sociedades, as
artes.

Teócrito dizia que os órgãos do ser são o
Sol, o céu, a Terra, o caos, o Hades e os demônios
humanos. Para o resto, não se apresentam no presente senão imagens (*eikônous*). O ser consiste
nos três movimentos do tempo: aurora, zênite,
crepúsculo, mas seu traço mais próprio é sua antecedência: é o ancião do ser, é o ancestral. Se
o Sol desce à morada dos mortos para renascer, o
homem desce ao Hades para morrer. Somente o canto
faz subir de novo o sol demoníaco dos mortos.

Enquanto ancestral, ele é o canto do *Aiôn*:
"Primeira origem da origem, primeiro começo do
começo, ar do sopro, brasa do fogo, fonte da água,
a fim de que eu contemple a água assustadora da
aurora, ponho o dedo de minha mão direita sobre
minha boca e digo: Silêncio, silêncio, silêncio,
símbolo do deus que vive incorruptível, guarda-me
perto de ti, silêncio".

Enquanto tempo, ele é o hino a *Typhôn*: "Tu
que fazes arrepiar, tu que assustas, tu que aterrorizas, rajada acima das neves e sob o gelo negro, tu que odeias uma casa onde reina a ordem,
tu vais mais depressa que o ar, tu devastas, tua
marcha é um fogo que crepita…".

* * *

Curiosamente, a retórica é ateia. No entanto, ela é um obedecer fanático da linguagem,
possui uma fé cega em suas audácias, organiza uma
verdadeira piedade em suas formas. Ora, para a
tradição retórica nunca houve possibilidade de
religião revelada, nem mesmo de escola associada

a uma mestria, nem mesmo uma autoridade gramatical ou filológica que pairasse acima das caças furiosas do significante para além dos signos. Nada, na devoção da linguagem, permite deter-se num efeito de linguagem e afirmá-lo como fonte da linguagem. Um ente (Deus) não se revela de forma privilegiada a um ente (homem) para confiscar a fonte da linguagem como palavra dele, uma vez que os dois derivam dela. Para todo retórico especulativo, Deus não é, nunca foi e nunca será. A linguagem não revela. Como disse Heráclito, o eféssio, de quem Marco Aurélio retoma várias vezes a frase: "O *logos* não revela; faz sinal". Sua metáfora não é determinável em ente algum. A linguagem não pode se deter nem em "uma" voz, nem em "uma" tábua divina ditada, nem em "uma" língua, nem em "um" livro. Grassi[5] falou admiravelmente de Novalis descobrindo e lendo Hemsterhuys. Franz Hemsterhuys foi o primeiro a mostrar, em novembro de 1768, em Haia, num dos estilos franceses mais límpidos e mais sóbrios que foram escritos no século XVIII, a oposição que divide para sempre o pensamento e a teologia a partir das religiões reveladas. Seu argumento é de uma grande simplicidade: a existência de deuses únicos sob forma de entes únicos decompõe a unidade total.

* * *

Na Grécia antiga, o mestre de retórica foi banido como um feiticeiro e perseguido como tal. O fundo enfeitiçador da retórica não é difícil de deslindar: é que a linguagem escraviza. Quando todos os ouvidos se confundem, igualmente subjugados, homens, deuses e mortos se ligam pela

---

[5] Ernesto Grassi, filósofo existencialista e estudioso da retórica escrita e visual da Renascença. [N.T.]

linguagem. Seu sortilégio (*sortes*) está ligado ao *logos*.

Os feiticeiros não eram sepultados: eram abandonados para serem devorados pelos abutres. Estrabão acrescenta que, não podendo ser sepultados nem queimados, eram os únicos a poderem gozar com sua mãe.

Loggin rejeita como enfática uma imagem de Górgias de Leontinos, que aos olhos dos antigos era, no entanto, o maior retórico do mundo grego: "*Gypes empsychoi taphoi.*" (Os abutres: túmulos vivos.) A ênfase consiste aqui em atribuir o sepultamento aos abutres, aos comedores de carniça que ignoram os túmulos. Os mortos são, por si mesmos, as primeiras *imagines*. Durante toda a vida da linhagem, são postos de pé e desfilam. Assim como os antepassados, dos quais somos sobreviventes, vêm ao nosso encontro nos sonhos sob a forma de *phantasma*, também erguemos efígies e as fazemos desfilar pela cidade, as saudamos na hora da ceia, as protegemos no átrio. É enquanto imagens que eles são os primeiros mortos "humanos". O coração daquele que fala, esse é o túmulo vivo. Aliás, é o que Tácito escreverá, depois da morte de Loggin. O abutre é somente o deus. Ele não é o lugar das *visiones*, dos *phantasmata*, das *metaphorai*, das *imagines*.

* * *

Não encontrei nos livros que li nenhum autor, nenhum estudioso que não tenha marcado seu desdém pela obra de Marco Cornélio Frontão e que não o tratasse como imbecil. Michelet atribuía duas tarefas à história: fazer reparação aos mortos, recolhendo minuciosamente seu esplendor deserdado, e fazer renascer de novo o passado para cada época nova, com sua aurora própria. Frontão é um dos pensadores mais originais e mais profundos que a Roma antiga conheceu. Ele multiplica imagens, edifica bruscos mitos inencontráveis em qualquer outra parte do *corpus* antigo. "O que é o sono? Uma gota de morte tão pequena como pode ser uma lágrima que se dissimula, derramada no crânio dos homens (*ejus leti guttam unam aspersisse minimam quanta dissimulantis lacrima esse solet*), tal é a causa do sono (*somnus*) e a fonte dos sonhos (*somnia*). Uma gota de morte: tal é a chave dos olhos humanos (*claves oculorum*). A palavra destino (*a fando, fata*) deriva de falar (*fari*). Qual é a fiandeira desprovida de sentido (*insciens lanifica*) no fundo da fala que exprime nossas vidas e seu curso? Tínhamos tanta necessidade da pausa da morte? Por que uma luz tão pródiga foi concedida à cegueira que nos limita e à obscuridade que a sepulta?"

Segundo qual destino as épocas são mais raras (são menos numerosas) quanto mais distintas as línguas?

Rajadas insensatas do ser no abismo. Marco Aurélio acrescenta: "*Pou nun panta ekeina? Kapnos kai spodos kai mythos è oude mythos*". (O que resta de tudo isso? Vapor, cinza, mito, e nem mesmo mito.)

* * *

Restam apenas fragmentos dos *Principia Historiae* [Princípios da história] que Frontão compôs. Os *Principia* começam pela seguinte frase: "O poderio dos macedônios, formado com a violência de uma torrente, caiu como num dia". O verbo que Frontão utiliza é *occidere*: o tempo deles foi o ocidente de um breve dia (*brevi die*). As épocas, os mortais, os seres no tempo, progridem, marcham, "não para chegar a um lugar, mas ao anoitecer" ("*non ad locum sed ad vesperum*"). A poeira que seus pés levantam engendra o nevoeiro onde se perdem. Daí os *Laudes fumi et pulveris*. Gerações de professores, durante mais de um milênio, fizeram chacota desse mestre de retórica decadente do fim do Império que compôs um *Elogio da fumaça e da poeira*.

* * *

"*Vagi palantes, nullo itineris destinato fine, non ad locum sed ad vesperum contenditur.*" (Errantes, dispersos, não há objetivo algum em suas viagens, eles marcham, não para chegar a um lugar, mas ao anoitecer.) Esse texto, de caráter estranhamente paleolítico, faz pensar na frase de Graco: "Os animais selvagens (*ta thèria*) espalhados por toda a Itália têm um abrigo, uma toca, uma caverna, e os que combatem e morrem pela Itália têm o ar e a luz, nada mais. Sem teto, sem morada, eles vão, errantes com seus filhos e suas mulheres. Os chefes mentem quando, para encorajar os homens no campo de batalha, lhes dizem que eles combatem por seus túmulos e por seus templos. Pois nenhum desses romanos tem um altar doméstico ou uma sepultura de seus antepassados. É pelo luxo e pela riqueza dos outros que eles combatem e morrem. São chamados de senhores do mundo: não têm um torrão de terra que lhes pertença".

Outra imagem de Frontão adquire subitamente seu sentido, seu sentido pré-histórico, seu sentido lítico. A linguagem humana é um velho *psophos* das pedras. Frontão diz que conhece uma única tarefa à qual vale a pena dedicar a vida: "*Verba vecte et malleo, ut silices, moliuntur.*" (As palavras se trabalham com a alavanca, utilizando um maço de carpinteiro, como seixos.)

* * *

Evoco as grutas do holoceno. No entanto
vivo agora no final do segundo milênio, no ano 45
após o presente. A racionalidade completamente
metafísica dos arqueólogos fixa a presença do
presente em *Before Present* [Antes do presente],
no ano de 1950.[6] Lembro que foi em 31 de janeiro
de 1950 que o presidente Truman deu a ordem de
fabricar a bomba H. A linhagem que vai de Freud a
Lacan, a linhagem que vai de Michelstaedter ou de
Heidegger a Grassi, a linhagem que vai de Gourmont
ou de Schwob a Caillois, isto é, a Borges, a Des
Forêts, a Leiris, a Ponge, a Bataille, a Genet,
a Klossowski, forma as três direções cujas ca-
vernas, desaterros, fossas e aprumos abordei nos
três tomos dos *Petits traités* [Pequenos tratados]
publicados na galeria Clivages e nos oito tomos
dos *Petits traités* publicados na galeria Maeght.

Hello por trás de Bataille. Como Thomas por
trás de Chateaubriand. Como La Morlière por trás
de Stendhal. Como Petrarca por trás de Pogge.
Como Pogge segurando nas mãos Quintiliano, como
Pogge estendendo as mãos a Cusa. Como Cusa as
estendendo a Da Vinci, a Colombo, a Bruno, a Vico.
Como Cornélio Frontão por trás de Marco Aurélio. Como Athenodoto por trás de Cornélio Frontão. Como Musônio por trás de Athenodoto. Como o
psophos por trás do *logos*, como uma gruta inumana
por trás do *psophos*, como um mar se abaixando e
aos poucos deixando descoberta uma gruta no grande
movimento de suas ondas.

* * *

Não ressuscito o passado da retórica especulativa. Classifico documentos de uma tradição

---

6   Quando as datações arqueológicas começaram a ser feitas
    com o carbono-14. [N.T.]

perseguida. Os mestres de retórica que evoco são os marranos daquilo que Bataille chamou uma ateologia.

Os marranos que entravam numa igreja eram instruídos a não manifestar emoção alguma, mas a recitar interiormente uma minúscula prece muda, enquanto permaneciam de pé, de rosto levantado, frente ao crucifixo exposto no altar:

"És apenas um deus de madeira."

A crise filosófica que atinge o pensamento metafísico desde o fim do mundo industrial, isto é, desde a guerra que os historiadores ocidentais caprichosamente reputaram como a Primeira Guerra Mundial, tirou dessa tradição a maldição que lhe pesava, mas não manifestou sua virulência. Não experimentou realmente sua profundidade. Não exumou sua ousadia, nem renovou seus segredos. Não investigou seus postos de transmissão e seus principais santuários. Não meditou seu destino.

O pensamento contemporâneo a reprovou sem consideração, jogou fora essa tradição como a água da bacia com o bebê vivo dentro, o *Semper vivens* e o sabonete, sem nada distinguir da sua história própria, da sua pugnacidade, dos seus valores característicos, do seu *fierté* [orgulho]. *Fierté* é uma palavra francesa que retoma a palavra latina *feritas*, que quer dizer: caráter dos animais que permaneceram selvagens. O pensamento contemporâneo nem sequer entreviu as razões da sua marginalidade, do seu agnosticismo e da sua intrepidez, colocando essa tradição no mesmo saco de infâmia chamado "niilismo" para proscrevê-la como todo o resto, ou seja, como todas as tradições ocidentais depois dos massacres e dos genocídios que aconteceram durante a guerra que os historiadores ocidentais, pouco gramáticos, tiveram a empáfia de chamar a "Segunda Guerra Mundial".

* * *

Alguma coisa em nós, que não nos é destinada, encontra saída.

* * *

No movimento das ondas do mar avança outra coisa que não o mar. Na agitação das folhas estremece outra coisa que não o vento. No brilho dos olhos da mulher viva que a gente ama brilha outra coisa que não o reflexo da lâmpada ou de um raio de sol. Na eclosão das flores floresce outra coisa que não o órgão genital que desponta e depois multiplica sua reprodução na estação futura que elas ignoram, enquanto se abrem e se colorem.

Nos livros que os homens mortos compuseram, não são os mortos que estão à espreita como fantasmas temíveis, mas um inqualificável caractere vivaz, uma ressurreição que persiste entre alegria e dor na fronteira da vida, que não se completa, mas que continua, se estende e nos fala. O aprumo do abismo só advém na vivacidade de seu fruto como maneira de viver, como sintoma imprevisível. E não como maneira voluntária de trabalhar, não como uma arte.

A crueldade do apelo no seio do qual existimos, segundo uma corporeidade precária e na forma de uma identidade mais instável ainda, manifesta algo de indizível (de mais impetuoso que os uivos dos mamíferos ao nascerem) e uma destruição mais indizível (que a simples letalidade não abrange). Não são mais só as fendas do pão que mostram a boca aberta das feras: outro ícone de Marco Aurélio afirma que as ondas que rolam, vindas do fundo das idades, precedendo a Terra, elevando-se acima da areia das praias, se abatendo sobre aquelas que já recuam, são mandíbulas.

* * *

Quando uma sociedade está à espera do acontecimento que deve suprimi-la, quando o medo, o desespero, a pobreza, a falta de herdeiros e a inveja de todos contra todos chegaram a um estado de maturação, comparável ao dos frutos no calor, uma expressão secreta e ávida aparece na maior parte das feições dos seres vivos nas ruas das cidades que são as novas florestas. Os rostos que nos cercam trazem essa tristeza e manifestam um silêncio tenso. Esse silêncio, apesar da história, isto é, por causa do mito da história, está sempre na ignorância de sua *ferocia*. As sociedades ocidentais estão novamente nesse estado de terrível maturação. Estão no limite da carnificina.

* * *

Com a história vindoura se passará o mesmo que com a psiquiatria do início do século XX, saber já extinto que distinguia com precisão a guerra que o incinerava. À medida que o real for suplantado pelo delírio e suas inúteis razões, o futuro tomará cada vez mais, de forma cruel, melancólica, a aparência do passado. O passado recuará até passar em revista suas mais velhas fundações e sonhará escavar a linguagem dissimulada, masculina e secreta, que acreditava orná-lo. Michelstaedter dizia que as palavras, assim como as obras, eram ornamentos da obscuridade (*kallôpismata orphnès*). Ele se matou. Foi em outubro de 1910.

* * *

A história, produto inumano da humanidade, assinala de vez em quando a tempestade da qual ela é apenas um resíduo. O tempo é um clarão mais vasto que a história. Seria preciso um verdadeiro físico (um filólogo) para começar a escrever a minúscula crônica dos homens. Os historiadores

profissionais, isto é, assalariados, além da rédea
da lenda que os interpela e que, pressionando os
dentes, retém o freio que eles elegeram, portanto
com a boca definitivamente travada nos relatos que
eles fazem, a diminuem ainda mais. Os literatos
aproximam suas *litterae*, minúsculas lâmpadas que
brilham ao redor da chama, mas incapazes de iluminar a noite.

Tácito foi menos dissimulador do que Michelet, Suetônio do que Hegel, Tallemant do que
Friedrich Engels, a deusa Kali do que Tácito.

* * *

Os animais que caçam correndo são gregários.
Como os cães selvagens africanos (mabecos), os
homens e os lobos.

Os animais de caça à espreita são solitários.

A que apelo responde o abutre?

A que apelo responde o jaguar?

A que apelo responde a interminável espreita
solitária do leitor?

* * *

O imperador Marco Aurélio passou a vida inteira acumulando imagens, sua coleção de ícones,
seu império de metáforas e seu tesouro de arpões,
redes e *formido* [pavor]. Durante a guerra contra
os sármatas, o imperador escreveu: "Uma aranha
(*arachnion*) se orgulha de ter pegado uma mosca
(*myian*); esse homem, uma lebre (*lagidion*); outro, uma sardinha (*aphyèn*) na rede; outro, javalis
(*suidia*); outro, ursos (*arktous*); outro, sármatas.
Todos bandidos (*lèstai*)".

E acrescentou: "Em breve a terra nos cobrirá
a todos. No infinito se transformará (*metabolei*)
a natureza que dele nascerá. É uma agitação das
ondas (*epikymatôseis*)".

* * *

Na agitação das ondas do mar não se distingue nenhum rastro.

A que apelo obedece a maré que sobe? A que apelo o massacre? A que apelo responde o trajeto do Sol na noite e no dia? A que apelo a epidemia? A que apelo responde a montanha? A que apelo o fruto que cai? O outono? A primavera, o *primus tempus*? O verão? A que apelo responde a *aetas*, a idade? A que apelo responde a velhice? A que apelo responde o rio? A que apelo responde o silêncio das grutas?

* * *

Todas as questões que podem ser colocadas se contraem de repente como a comissura de um lábio: elas se descobrem únicas. Todas interrogam: a que apelo responde a linguagem?

Essa questão única, surgida como um dente acima do lábio das feras, repousa sobre um enigma que não transparece tanto na formulação do seu enunciado: a que apelos respondem a dissociação das sociedades e a pluralidade das línguas? Os filólogos enumeraram mais de onze mil línguas humanas desde que os homens falam.

A que apelo respondem as línguas?

* * *

Por que Marco Aurélio, príncipe de Roma, velho romano, arcaizante, se enteve consigo mesmo em língua grega nos doze volumes das *Meditações*? É exato que, na sua infância, a língua grega era a língua de formação, antes de se tornar a da intimidade. É verdade que a língua latina era a língua oficial do Império. Proponho uma hipótese mais simples. Reterei de toda a obra de Cornélio Frontão uma pequena carta apressada, que de certa maneira condensa toda a doutrina ou, pelo menos, concentra toda a raiva que se obstinou nessa doutrina. Essa carta, essa pequena carta, dirigida ao jovem imperador que deve falar no dia seguinte ao senado e que submeteu a ele seu discurso, é a seguinte:

"*Miserere. Unum verbum de oratione ablega et quaeso ne umquam eo utaris dictionem pro oratione. Vale, domine. Matrem dominam saluta.*" (Perdão. Apago uma palavra em teu discurso e, suplico-te, nunca empregues *dictio* como *oratio*. Adeus, senhor. Saúdo tua soberana mãe.)

Oratio é a linguagem humana. *Dictio* é o fato de tomar a palavra. Um discurso escrito não é uma palavra no ar. No beijo, dizia Frontão, é a linguagem humana (*oratio*) que é beijada. Ele acrescentava: "O beijo nos lábios é uma honra consentida à linguagem humana (*honorem orationi*)".

Suponho que Marco Aurélio *imperator* decidiu fazer em língua grega seus *Excerpta* a fim de que a *imago* severa de Frontão se afastasse enfim, para sempre, nos infernos, lá encontrasse sua paz à beira da água obscura, e nunca mais voltasse, inopinadamente, na gota de morte latina do sono.

Créditos

Fundação Bienal de São Paulo

Fundador: Francisco Matarazzo Sobrinho · 1898–1977 (*presidente perpétuo*)

Conselho de Honra: Oscar P. Landmann † (*presidente*)

Membros do Conselho de Honra composto de ex-presidentes: Alex Periscinoto, Carlos Bratke, Celso Neves †, Edemar Cid Ferreira, Jorge Eduardo Stockler, Jorge Wilheim, Julio Landmann, Luiz Diederichsen Villares, Luiz Fernando Rodrigues Alves †, Maria Rodrigues Alves †, Manoel Francisco Pires da Costa, Oscar P. Landmann †, Roberto Muylaert

Conselho de administração: Tito Enrique da Silva Neto (*presidente*) Alfredo Egydio Setubal (*vice-presidente*)

Membros vitalícios: Adolpho Leirner, Alex Periscinoto, Benedito José Soares de Mello Pati, Carlos Bratke, Gilberto Chateaubriand, Hélène Matarazzo, Jorge Wilheim, Julio Landmann, Manoel Ferraz Whitaker Salles, Miguel Alves Pereira, Pedro Aranha Corrêa do Lago, Pedro Franco Piva, Roberto Duailibi, Roberto Pinto de Souza, Rubens José Mattos Cunha Lima

Membros: Alberto Emmanuel Whitaker, Alfredo Egydio Setubal, Aluizio Rebello de Araujo, Álvaro Augusto Vidigal, Andrea Matarazzo, Antonio Bias Bueno Guillon, Antonio Bonchristiano, Antonio Henrique Cunha Bueno, Beatriz Pimenta Camargo, Beno Suchodolski, Cacilda Teixeira da Costa, Carlos Alberto Frederico, Carlos Francisco Bandeira Lins, Carlos Jereissati Filho, Cesar Giobbi, Claudio Thomas Lobo Sonder, Danilo dos Santos Miranda, Decio Tozzi, Eduardo Saron, Elizabeth Machado, Emanoel Alves de Araújo, Evelyn Ioschpe, Fábio Magalhães, Fernando Greiber, Fersen Lamas Lembranho, Gian Carlo Gasperini, Gustavo Halbreich, Jackson Schneider, Jean-Marc Robert Nogueira, Baptista Etlin, Jens Olesen, Jorge Gerdau Johannpeter, José Olympio da Veiga Pereira, Marcos Arbaitman, Maria Ignez Corrêa da Costa Barbosa, Marisa Moreira Salles, Meyer Nigri, Nizan Guanaes, Paulo Sérgio Coutinho Galvão, Pedro Paulo de Sena Madureira, Roberto Muylaert, Ronaldo Cezar Coelho, Sérgio Spinelli Silva, Susana Leirner Steinbruch, Tito Enrique da Silva Neto

Conselho fiscal: Carlos Alberto Frederico, Gustavo Halbreich, Tito Enrique da Silva Neto, Pedro Aranha Corrêa do Lago

Diretoria executiva: Heitor Martins (*presidente*), Eduardo Vassimon (*1º vice-presidente*), Justo Werlang (*2º vice- -presidente*)

Diretores: Jorge Fergie, Luis Terepins, Miguel Chaia, Salo Kibrit

30ª Bienal de São Paulo

Curadoria: Luis Pérez-Oramas (*curador*), André Severo (*curador associado*), Tobi Maier (*curador associado*), Isabela Villanueva (*curadora assistente*)

Curadores convidados: Ariel Jimenez (Roberto Obregón), Helena Tatay (Hans-Peter Feldmann), Susanne Pfeffer (Absalon), Vasco Szinetar (Alfredo Cortina), Wilson Lazaro (Arthur Bispo do Rosário)

Assessoria curatorial: Andre Magnin (Frédéric Bruly Bouabré, Ambroise Ngaimoko-Studio 3Z), Joaquim Paiva (Alair Gomes), John Rajchman (Fernand Deligny, Xu Bing), Justo Pastor Mellado (Ciudad Abierta), Luciana Muniz (Alair Gomes), Micah Silver & Robert The (Maryanne Amacher), Pia Simig (Ian Hamilton Finlay), Sandra Alvarez de Toledo (Fernand Deligny), Teresa Gruber (Mark Morrisroe)

Diretor superintendente: Rodolfo Walder Viana

Consultor: Emilio Kalil

Coordenação geral de produção: Dora Silveira Corrêa

Curadoria Educativo Bienal: Stela Barbieri

Coordenação geral de comunicação: André Stolarski

Projetos e produção

Produtores: Felipe Isola, Fernanda Engler, Helena Ramos, Janayna Albino, Joaquim Millan, Marina Scaramuzza, Waleria Dias, Arthur Benedetti (*logística de transporte*), Grace Bedin (*transporte*), Viviane Teixeira (*assistente geral*), Luisa Colonnese (*assistente*), Marcos Gorgatti (*assistente*), Vivian Bernfeld (*assistente*)

Cenotécnico: Metro Cenografia | Quindó de Oliveira

Montagem de obras: William Zarella

Museologia: Macarena Mora, Graziela Carbonari, Bernadette Ferreira, Heloísa Biancalana

Projeto audiovisual de obras: Maxi Áudio Luz Imagem

Projeto luminotécnico: Samuel Betts

Transporte: Arte3 Log, ArtQuality

Expografia: *Metro Arquitetos Associados* — Martin Corullon (*arquiteto responsável*), Gustavo Cedroni (*arquiteto*), Anna Ferrari (*arquiteta*), Helena Cavalheiro (*arquiteta*), Felipe Fuchs (*arquiteto*), Bruno Kim (*arquiteto*), Marina Iioshi (*arquiteta*), Francisca Lopes (*estagiária*), Rafael de Sousa (*estagiário*)

Comunicação

Coordenação de comunicação: Felipe Taboada (*coordenador*), Júlia Frate Bolliger (*assistente de comunicação*), Julia Bolliger Murari (*assessora de imprensa*)

Coordenação de design: Ana Elisa de Carvalho Price (*coordenadora*), Felipe Kaizer (*designer gráfico*), Roman Iar Atamanczuk (*assistente de design*), André Noboru Siraiama (*estagiário*), Douglas Higa (*estagiário*)

Coordenação editorial: Cristina Fino (*coordenadora*), Diana Dobránszky (*editora*), Alícia Toffani (*assistente editorial*)

Coordenação de internet: Victor Bergmann (*coordenador*)

Apoio à coordenação geral: Eduardo Lirani (*assistente administrativo e produtor gráfico*)

Assessoria de imprensa: A4

Desenvolvimento de website: Conectt

Desenvolvimento do jogo educativo online: Zira

Edição e tradução de legendas: Cid Knipel Moreira, Christopher Mack, Jeffery Hessney, Mariana Lanari

Gerenciamento de documentação audiovisual: Renata Lanari

Produção gráfica: Signorini

Registro audiovisual: *Mira Filmes* — Gustavo Rosa de Moura (*diretor geral*), Bruno Ferreira (*coordenador, fotógrafo e editor*), Francisco Orlandi Neto (*fotógrafo e editor*), Rafael Nantes (*editor*), Brunno Schiavon (*assistente de edição*), Joana Brasiliano (*designer*), Luciana Onishi (*produtora executiva*), Juliana Donato (*produtora*), Leo Eloy (*fotógrafo*), Nick Graham Smith (*trilha sonora*)

Workshop de identidade visual

Designers convidados: Armand Mevis & Linda Van Deursen, Daniel Trench, Elaine Ramos, Jair de Souza, Rico Lins

Participantes do workshop: Adriano Guarnieri, Cecília Oliveira da Costa, Daniel Frota de Abreu, David Francisco, Débora Falleiros Gonzales, Miguel Nobrega, Pedro

Moraes, Rafael Antônio Todeschini, Renata Graw, Renato
Tadeu Belluomini Cardilli, Tatiana Tabak, William He-
bling

Equipe Bienal: Ana Elisa de Carvalho Price, André Sto-
larski, André Noboru Siraiama, Douglas Higa, Felipe
Kaizer, Matheus Leston, Roman Iar Atamanczuk, Victor
Bergmann

Coordenadora de produção: Renata Lanari

Educativo Bienal: Carolina Melo (*assistente de curadoria*),
Guga Queiroga (*secretária*)

Supervisão geral: Laura Barboza

Relações externas: Helena Kavaliunas (*coordenadora*), Ana
Lua Contatore (*assistente*), Juliana Duarte (*assistente*),
Maíra Martinez (*assistente*)

Voluntários: Rosa Maia (*coordenadora*), Bárbara Milano,
Chynthia Rafael da Silva, Daniela Fajer (*arquitetura*),
Débora Borba, Gaelle Pierson, Giuliana Sommantico, Gui-
lherme de Magalhães Gouvea (*comunicação*), Isadora Reis
(*arquivo*), Karla Shulz Sganga (*produção*), Lucia Abreu
Machado, Marcelle Sartori, Maria Cecília Lacerda de
Camargo, Maria Fillipa Jorge, Maria Varon (*arquivo*),
Mariana Lorenzi Azevedo (*curadoria*), Marina Mesquita,
Paola Ribeiro, Paula de Andrade Carvalho, Paulo Franco,
Tereza Galler, Vera Cerqueira

Ensino: Carlos Barmak (*coordenador*), Daniela Azevedo
(*coordenadora*)

Pesquisa: Marisa Szpigel

Produção de conteúdo e palestras: Galciani Neves, Guga
Szabzon, Leandro Ferre Caetano, Matias Monteiro, Otávio
Zani, Ricardo Miyada, Tiago Lisboa

Comunicação: Daniela Gutfreund (*coordenadora*), Beatriz
Cortés (*documentação/sala de leitura*), Denise Adams (*fo-

tógrafa), Fernando Pião (*fotógrafo assistente*), Sofia Colucci (*estagiária*), Simone Castro (*jornalista*), Amauri Moreira (*documentação audiovisual*)

Produção: Valéria Prates (*coordenadora*), Agnes Mileris (*assistente de produção*), Auana Diniz (*assistente de produção*), Bob Borges (*produtor*), Eduardo Santana (*produtor*), Elisa Matos (*produtora*), Gregório Soares (*assistente de produção*), Marcelo Tamassia (*produtor*), Dayves Augusto Vegini (*assistente de produção*), Mauricio Yoneya (*assistente*), Danilo Guimarães (*estagiário*)

Formação de educadores: Laura Barboza (*coordenadora geral*)

Coordenadores: Elaine Fontana, Pablo Tallavera

Supervisores: Anita Limulja, Carlos Alberto Negrini, Carolina Velasquez, Debora Rosa, Marcos Felinto, Mayra Oi Saito, Pedro Almeida Farled, Rodrigo De Leos, Paula Yurie, Talita Paes

Arquivo Bienal: Adriana Villela (*coordenadora*), Ana Paula Andrade Marques (*pesquisadora*), Fernanda Curi (*pesquisadora*), Giselle Rocha (*técnica em conservação*), José Leite de A. Silva (Seu Dedé) (*auxiliar administrativo*)

Assessoria jurídica: Marcello Ferreira Netto

Finanças e controladoria: Fabio Moriondo (*gerente*), Amarildo Firmino Gomes (*contador*), Fábio Kato (*auxiliar financeiro*), Lisânia Praxedes dos Santos (*assistente de contas a pagar*), Thatiane Pinheiro Ribeiro (*assistente financeiro*), Bolivar Lemos Santos (*estagiário*)

Marketing e captação de recursos: Marta Delpoio (*coordenadora*), Bruna Azevedo (*assistente*), Gláucia Ribeiro (*assistente*), Raquel Silva (*assistente administrativa*)

Recursos humanos e manutenção: Mário Rodrigues (*gerente*), Geovani Benites (*auxiliar administrativo*), Rodrigo Martins (*assistente de recursos humanos*), Manoel Lindolfo Batista (*engenheiro eletricista*), Valdemiro Rodrigues da Silva (*coordenador de compras e almoxarifado*), Vinícius Robson da Silva Araújo (*comprador sênior*), Wagner Pereira de Andrade (*zelador*)

Secretaria geral: Maria Rita Marinho (*gerente*), Angélica de Oliveira Divino (*auxiliar administrativa*), Maria da Glória do E. S. de Araújo (*copeira*), Josefa Gomes (*auxiliar de copa*)

Tecnologia da informação: Marcos Machuca (*assessor especial*), Leandro Takegami (*coordenador*), Jefferson Pedro (*assistente de TI*)

Relações institucionais: Flávia Abbud (*coordenadora*), Mônica Shiroma de Carvalho (*analista*)

Educadores: Adriano Vilela Mafra, Aline de Cássia Silva Escobar Aparício, Aline Marli de Sousa Moraes, Amanda Capaccioli Salomão, Ana Carolina Druwe Ribeiro, Ana Paula Lopes de Assis, André Benazzi Piranda, Andrea Lins Barsi, Anike Laurita de Souza, Anna Livia Marques de Souza, Anna Luísa Veliago Costa, Anne Bergamin Checoli, Bianca Panigassi Zechinato, Bruna Amendola Dell Arciprete, Bruno Brito, Bruno Cesar Rossarola dos Santos, Camila Sanches Zorlini, Carlos Eduardo Gonçalves da Silva, Carolina Brancaglion Pereira, Carolina Laiza Boccuzzi, Carolina Oliveira Ressurreição, Carolina Tiemi Takiya Teixeira, Caroline Pessoa Micaelia, Catharine Rodrigues, Clarisse Gomes Valadares, Danielle Sleiman, Daphine Juliana Ferrão, Desiree Helissa Casale, Diego Castro da Silva Cavalcante, Diran Carlos de Castro Santos, Edivaldo Peixoto Sobrinho, Elfi Nitze, Elisabeth Costa Marcolino, Erivaldo Aparecido Alves Nascimento, Fabio Lopes do Nascimento, Fábio Moreira Caiana, Felipe Eduardo Narciso Vono, Fernanda Dantas da Costa, Fernando Augusto Fileno, Filipe Monguilhott Falcone, Flávia Marquesi de Souza, Francisco Ferreira Menezes, Frederico Luca L. e Silva Ravioli, Gabriel de Aguiar Marcondes

Cesar, Gabriele Veron Chagas Ramos, Gerson de Oliveira Junior, Giovana Souza Jorqueira, Giuliano Nonato, Glaucia Maria Gonçalves Rosa, Guilherme Pacheco Alves de Souza, Inaya Fukai Modler, Isabella da Silva Finholdt, Isabella Pugliese Chiavassa, Isabelle Daros Pignot, Isadora do Val Santana, Isadora Fernandes Mellado, Ísis Arielle Ávila de Souza, Jailson Xavier da Silva, Jaqueline Lamim Lima, Jessica Cavalcante Santos, João Ricardo Claro Frare, Joice Palloma Gomes Magalhães, Jonas Rodrigues Pimentel, Juan Manuel Wissocq, Juliana Meningue Machado, Juliana Rodrigues Barros, Lara Teixeira da Silva, Laura da Silva Monteiro Chagas, Leandro Eiki Teruya Uehara, Letícia Scrivano, Lívia de Campos Murtinho Felippe, Luana Oliveira de Souza, Lucas Itacarambi, Lucas Ribeiro da Costa Souza dos Santos, Luciano Wagner Favaro, Luís Carlos Batista, Luis Henrique Bahu, Luísa De Brino Mantoani, Luisa de Oliveira Silva, Luiza Americano Grillo, Marcela Dantas Camargo, Márcia Gonzaga de Jesus Freire, Marcos Paulo Gomide Abe, Mariana Ferreira Ambrosio, Mariana Peron, Mariana Teixeira Elias, Marília Alves de Carvalho, Marília Persoli Nogueira, Marina Ribeiro Arruda, Mayara Longo Vivian, Maysa Martins, Mona Lícia Santana Perlingeiro, Natalia da Silva Martins, Natalia Marquezini Tega, Nayara Datovo Prado, Pedro Gabriel Amaral Costa, Pedro Henrique Moreira, Pyero Fiel Ayres da Silva, Rachel Pacheco Vasconcellos, Rafael de Souza Silva, Rafael Ribeiro Lucio, Raphaela Bez Chleba Melsohn, Raul Leitão Zampaulo, Raul Narevicius dos Santos, Renan Pessanha Daniel, Renata Gonçalves Bernardes, Ricardo Vasques Gaspar, Richard Melo, Rômulo dos Santos Paulino, Roseana Carolina Ayres Lourenço, Samantha Kadota Oda, Sarah de Castro Ribeiro, Simone Dominici, Sofia do Amaral Osório, Stella Abreu Miranda de Souza, Suzana Panizza Souza, Suzana Sanches Cardoso, Taize Alves Santana, Talita Rocha da Silva, Thais Regina Modesto, Victoria Pékny, Viviane Cristina da Silva, Viviane Cristina Tabach, Wilson de Lemos V. Cabral, Yolanda Christine Oliveira Fernandes, Yukie Martins Matuzawa

Créditos da publicação

Edição: Editorial Bienal, Iuri Pereira, Jorge Sallum

Capa e projeto gráfico: Design Bienal

Programação em LaTeX: Bruno Oliveira

Preparação: Editorial Bienal

Revisão: Editorial Bienal, Iuri Pereira

Assistente editorial: Bruno Oliveira

Outros títulos

Giorgio Agamben
Ninfas

José Bergamín
A arte de birlibirloque / A decadência do analfabetismo

Giordano Bruno
Os vínculos

Filóstrato
Amores e outras imagens

Patrocínio master

Patrocínio educativo

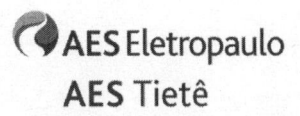

Audioguia   **Espaço climatizado**

Patrocínio

Mercedes-Benz   REDECARD

Klabin   McKinsey&Company

ABC BRASIL
ARAB BANKING
CORPORATION

Parceria cultural

SESC   FAAP

Parceria cultural

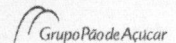

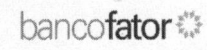

BANCO PAULISTA — DURATEX

Grupo Pão de Açúcar — CSU — bancofator

IGUATEMI SÃO PAULO — Oi Futuro — Microsoft
A gente inova, você transforma.

AIRFRANCE / KLM — KPMG

SEMP TOSHIBA

Apoio mídia **Publicidade**

SÃO PAULO (Globo) — AFRICA

Apoio institucional

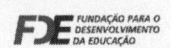

SESI — PREFEITURA DE SÃO PAULO

imprensaoficial
GOVERNO DO ESTADO DE SÃO PAULO — FDE FUNDAÇÃO PARA O DESENVOLVIMENTO DA EDUCAÇÃO — ProAc
PROGRAMA DE AÇÃO CULTURAL DO ESTADO DE SÃO PAULO

Secretaria da Educação   Secretaria da Cultura — GOVERNO DO ESTADO SÃO PAULO

Apoio internacional

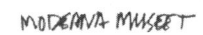

Realização

Adverte-se aos curiosos que se imprimiu esta obra em nossas oficinas em 12 de setembro de 2012, sobre Norbrite Book Cream 66 g/m², composta em tipologia Menlo, em GNU/Linux (Gentoo, Sabayon e Ubuntu), com os softwares livres LaTeX, DeTeX, VIM, Evince, Pdftk, Aspell, SVN e TRAC.